CONVITE À REFLEXÃO

GOETHE: O OLHAR E O MUNDO DAS FORMAS

Goethe: o olhar e o mundo das FORMAS

Pedro
Fernandes
Galé

70

discurso editorial

GOETHE: O OLHAR E O MUNDO DAS FORMAS

AUTOR: Pedro Fernandes Galé
COORDENAÇÃO EDITORIAL: Milton Meira do Nascimento
EDITOR DE AQUISIÇÃO: Marco Pace
PROJETO GRÁFICO: Marcelo Girard
REVISÃO: Roberto Alves
DIAGRAMAÇÃO: IMG3
ISBN: 9788562938351

Dados Internacionais de Catalogação na Publicação (CIP)
(Câmara Brasileira do Livro, SP, Brasil)

Galé, Pedro Fernandes
Goethe : o olhar e o mundo das formas / Pedro
Fernandes Galé. -- 1. ed. -- São Paulo : Almedina
Brasil, 2020.

Bibliografia
ISBN 978-85-62938-35-1

1. Filosofia alemã 2. Goethe, Johann Wolfgang von,
1749-1832 - Filosofia I. Título..

20-39050 CDD-111.85

Índices para catálogo sistemático:
1. Goethe : Formas : Estética : Filosofia 111.85
Maria Alice Ferreira - Bibliotecária - CRB-8/7964

Este livro segue as regras do novo Acordo Ortográfico da Língua Portuguesa (1990).

Agosto, 2020

EDITORA: Almedina Brasil
Rua José Maria Lisboa, 860, Conj.131 e 132
Jardim Paulista | 01423-001 São Paulo | Brasil
editora@almedina.com.br
www.almedina.com.br

Sumário

Aquele cacto lembrava os gestos desesperados da estatuária:
Laocoonte constrangido pelas serpentes,
Ugolino e os filhos esfaimados.

Manuel Bandeira, *O cacto*

Introdução

O presente trabalho nasce de uma perplexidade: como Goethe, o autor máximo do classicismo alemão, o classicismo de Weimar, que professava a sua ligação com o mundo antigo, pôde, no ponto culminante de sua ligação com a antiguidade, especular acerca do espírito humano e se relacionar de modo íntimo com a filosofia de seu tempo? Não se trataria apenas de uma leitura ou de um combate em relação à filosofia, mas de uma afinidade manifesta no interior da construção e dos questionamentos que deram origem às obras de Goethe que se lançavam ao mundo das formas artísticas e naturais. Goethe, ao mesmo tempo em que professou uma busca pelo agir dos antigos, não pôde se considerar um filho de uma era anterior à "destruição do cosmos, ou seja, o desaparecimento desses conceitos válidos, filosófica e cientificamente, da concepção de mundo como um todo finito, fechado e ordenado hierarquicamente (...), e a sua substituição por um universo infinito que é mantido coeso pela identidade de seus próprios componentes.[1]"

Após uma peculiar jornada em solo italiano de cerca

1 KOYRÉ, A.; *Do mundo fechado ao universo infinito*, p.16.

de dois anos de duração, frutificaram diversas posturas que seriam marcas distintivas do que se conhece como a segunda etapa criativa do poeta: o classicismo. Embora o que marque tal período seja a ligação com a concepção antiga de ciências e de artes, Goethe não foi surdo ao barulho causado pela revolução kantiana: "Nenhum homem culto pode impunemente afastar de si, combater ou desdenhar esse grande movimento filosófico iniciado por Kant"[2]. É exatamente nesta posição delicada perante o mundo filosófico de seu tempo que repousa a peculiaridade de Goethe, pois se ele não aderiu cegamente a nenhuma corrente filosófica, ainda assim ele não pôde deixar de ser moderno no âmbito do pensamento.

Em Goethe não podemos separar as concepções teóricas de sua história, do contexto em que surgiram. Portanto é necessário que primeiramente investiguemos o livro que "narra" este momento celebrizado como o seu renascimento, *Viagem à Itália*, para que nos lancemos às obras teóricas. Operaremos em analogia ao que Goethe intentou fazer com as formas da natureza: observar suas passagens de um ponto a outro, tentando extrair uma imagem geral. A metamorfose de Goethe quando em solo italiano apresenta-se em seu próprio relato. Na carta que data de 6 de setembro de 1786, ainda em solo alemão (Munique, mais precisamente), lê-se a seguinte confissão: "No salão dedicado à an-

2 "Esboços para um retrato de Winckelmann", *Escritos de arte*, p. 206.

tiguidade, pude notar bem que meus olhos não estão bem treinados para a contemplação de tais objetos"[3]. A tentativa de compreensão do mundo antigo não se dará apenas pela contemplação de diversas obras da antiguidade, mas pela presença do solo clássico e mais ainda da natureza presente em solo clássico.

Em outra carta, endereçada a Herder, de 17 de maio de 1787, Goethe escreve: "agora que tenho presente em minha mente todas estas costas e promontórios, golfos e baías, ilhas e línguas de terra, rochedos e praias, colinas cobertas de arbustos, suaves pastagens, campos férteis, jardins adornados, árvores bem cuidadas, videiras pendentes, montanhas de nuvens e planícies, escarpas e bancos rochosos sempre radiantes, com o mar a circundar tudo isso com tantas variações e tanta variedade – somente agora, pois, a *Odisseia* tornou-se para mim palavra viva".[4]

Se em solo alemão Goethe não havia treinado o olhar para algumas poucas obras da antiguidade, em solo clássico o autor que pode ser considerado como o pai dos gregos torna-se para ele palavra viva. Torna-se palavra viva não somente pelo acesso às obras de arte da antiguidade, mas também pela natureza que se revela esplendorosa em solo italiano. Notemos que nos itens enumerados no trecho acima não há nada que tenha sua origem nas artes e no engenho humano. É a natu-

3 *Viagem à Itália*, (doravante *Viagem...*) p. 14.
4 Ibid., p. 379.

reza que treinara o olhar de Goethe para a antiguidade e para a arte como um todo. Esse treino não principia, e tampouco se fecha, aqui. Ainda seria interessante notar que aquilo que permitiu uma ligação com a antiguidade, a natureza, é também o que levou Goethe a ter de emular a filosofia de seu tempo. Se como ingênuo, segundo Schiller, Goethe nutria "uma espécie de amor e de comovente respeito à natureza em plantas, minerais, animais, paisagens [5](...)", ele não se manteve fiel a outra exigência posta pelo autor de *Maria Stuart* aos ingênuos, a de que "seus juízos não reparam nas artificiais e rebuscadas relações das coisas e atêm-se unicamente à natureza simples.[6]"

O classicismo de Goethe surge em oposição ao "mergulho no eu". Esta oposição parece querer prevenir os artistas e teóricos da subjetividade, mostrando a possibilidade de uma descrição de um mundo cuja objetividade se impõe, não permitindo o exagero, o maneirismo, a graça falsa e o empolamento. O maneirismo, diz Goethe, gera um mundo onde "as opiniões sobre os objetos morais se ordenam e se figuram de maneira diferente na alma de cada um que pensa, também cada artista desta espécie irá ver, apreender e imitar o mundo de outra maneira"[7]. O classicismo francês, tão combatido pelo poeta em sua juventude, não é, em sua idade mais avançada, sua meta, pois a raiz racionalista não

5 SCHILLER, F.; *Poesia ingênua e sentimental*, p. 43.

6 *Viagem...*, p. 49.

7 Imitação simples da natureza, maneira, estilo, *Escritos sobre arte*, p. 63.

deixou de se fazer sentir entre esses teóricos. Como diz Cassirer "A teoria do classicismo francês não tem nada que ver com a filosofia do *common sense*; não apela ao entendimento trivial e cotidiano, mas sim às forças da razão científica"[8]. Sair do mergulho no eu de índole romântica para cair em uma espécie de estética racionalista seria para Goethe cometer uma versão diferente de um mesmo erro: colocar o homem acima de tudo e permitir que se submeta os objetos ao sujeito, quer pela razão, quer pelo sentimento.

Para Goethe o mundo antigo era mais do que um ideal inalcançável, ou um exemplo a ser imitado, os antigos eram aqueles que viveram em harmonia com a natureza e fizeram dela o seu norte, pois ela os supria de objetos dignos e elevados. Se as obras de arte da antiguidade, para a corrente neoclássica, apresentavam uma natureza ideal que era representada por um artista elevado e figurada como que mais digna que a sua matriz, ou seja, a natureza, para Goethe um passo ainda deve ser dado: honrar as operações da própria natureza, por sua inesgotabilidade. Pois "cada todo belo na arte é, em pequena escala, uma cópia do belo supremo, no todo da natureza"[9]. Por outro lado, diz Goethe: "O belo é uma manifestação das leis secretas da natureza, as quais sem essa aparição, teriam permanecido eterna-

8 *La filosofía de la Ilustración*, 311

9 "Resenha sobre a imitação formadora do belo de Moritz", *Escritos sobre arte*, 59.

mente ocultas"[10]. O belo da natureza é o belo supremo, seu correlato na arte apenas participa desta beleza. É pela arte que a intuição das leis secretas da natureza se tornaria possível. É a partir da representação artística que os homens poderiam se aproximar de, ou ainda, pressupor, aquilo que não aparece aos nossos olhos de modo direto em um fenômeno natural. Na intuição imediata do objeto artístico tal elemento subjacente ao fenômeno se deixa sentir.

O mundo classicista de Goethe não é passível de isolamentos, arte e natureza caminham juntas. Demonstração disso é a própria gênese de seu projeto classicista, ou seja, o renascimento de Goethe em solo clássico; o olhar se educava pela arte e pela natureza em movimentos que beiram a circularidade. É nesta chave de um crescimento mútuo, de força e perseverança, dos estudos das ciências naturais e das artes, que devemos entender o classicismo de Goethe. Muito mais do que pautado em qualquer tipo de nostalgia, esse classicismo peculiar se funda na percepção de toda a dignidade e infinitude dos objetos naturais e artísticos.

Arte e natureza são os objetos privilegiados da obra teórica de Goethe, e é sua própria dignidade que exige do observador uma dedicação resignada: "Uma obra de arte autêntica, assim como uma obra da natureza, permanece sempre infinita ao nosso entendimento; ela é contemplada, sentida, faz efeito, mas não pode ser

10 *Máximas e reflexões*, máxima 183, p. 53.

propriamente conhecida".[11] A vida interior das manifestações fenomênicas de ambos os campos será o seu objeto privilegiado. Nesse trajeto de compreensão do operar da natureza e da arte, Goethe não vai poder se furtar de sua modernidade, pois como observador da natureza ele se viu obrigado a avançar pelo terreno pantanoso do pensar sobre o pensar. Como moderno Goethe teve de lançar-se "quase em cada uma de suas considerações ao infinito, para finalmente, se possível, voltar novamente a um ponto delimitado."[12] Na situação do homem diante de um fenômeno natural, Goethe fala em um prolífero duplo infinito que se estabelece como ponto culminante no contato entre observador e objeto.

Essa adaptação é a exigência mais cara a Goethe no que se refere às ciências naturais: "se queremos alcançar uma intuição viva da natureza, temos de nos manter flexíveis e em movimento, segundo o exemplo que ela mesma nos dá".[13] Esse é o próprio modo de agir da natureza, nela nada encontramos que já tenha alcançado sua perfeição, mas tudo se transforma num "contínuo devir". Diante disso, o intuir não pode ser estático; ele deve acompanhar as operações da natureza, a intuição deve ser viva, pois, como referência imediata ao objeto,

11 "Sobre Laocoonte", *Escritos sobre arte*, p. 117.

12 Esboços para um retrato de Winckelmann, *Escritos de arte*, p.185. "Die Absicht eingeleitet", Johann Wofgang Goethe, *Sämtliche Werke – Briefe, Tagebücher und Gesprache*, Deutscher Klassiker Verlag, volume 24, p. 392. Doravante sempre que utilizarmos algum volume desta edição das obras completas de Goethe indicaremos a sigla DKV e o volume em questão.

ela deve flutuar neste mundo de constante devir. Goethe busca, em seus trabalhos morfológicos, conhecer a formação das naturezas orgânicas e suas mútuas relações diante daquilo que nos aparece na observação dedicada. Em analogia à recepção artística, essa parte visível do fenomênico, bem como suas supostas relações, devem indicar algo de seu interior.

Goethe move-se aqui no âmbito do visível na natureza, de modo equidistante "de um centro desconhecido e de um fim incognoscível[14]". A inesgotabilidade de tais objetos impede que os submetamos a nós mesmos ou a qualquer produto estritamente racional ou filosofante. O discurso matemático e o discurso filosófico devem ser evitados ou utilizados apenas em pontos específicos, mas não como amálgamas que unem a diversidade dos fenômenos. Goethe não pretende esgotar e abarcar a totalidade da natureza, pois esta "reservou-se tanta liberdade que nós, mesmo com saber e ciência, não podemos alcançá-la ou encurralá-la[15]", esta impossibilidade, diz, "não pode nos impedir de fazer o que nos é possível"[16].

Para avançar em tais assuntos Goethe deveria pensar a natureza em sua grandeza, mas também teve de pensar sobre o pensar. O poeta terá de avançar neste campo, mas não isoladamente como filósofo teórico, nem como esteta, muito menos como filósofo da natureza, mas

14 "Poblem und Erwiderung", DKV, v.24, p. 582.
15 *Máximas e reflexões*, máxima 438, p.104.
16 "Der Versuch als Vermittler Von Objekt aund Subjetkt", DKV, v. 25, p.27.

como alguém em pleno esforço de conhecer suas próprias operações enquanto fenômeno. Paralelamente à investigação se faz necessária a delimitação das faculdades humanas para que, consciente de sua própria circunscrição, o homem não busque ir além do que pode ir. O homem deve se conhecer. Como Goethe se conhecerá? Não seguirá o caminho que ele mesmo denunciou em seu texto "O colecionador e seus pares": "Que coisa singular é a filosofia, particularmente a nova! Entrar em si mesmo, surpreender seu próprio espírito em suas ações, fechar-se completamente em si mesmo, para melhor conhecer os objetos. Seria este o melhor caminho?"[17]. Ele não pode agir conforme uma filosofia alheia a toda experiência. O que parece ser reivindicado é a maneira de operar em direção ao conhecimento, prática e livre, ligada não somente a um sistema das operações cognoscentes do sujeito, mas também aos objetos que este pretende entender. Goethe teve de se embrenhar no seu próprio interior, mas por ordem dos fenômenos e não de um estudo do espírito. Goethe quer se conhecer melhor através dos objetos que vê, e não através de uma reflexão interior. O espírito deve ser conhecido em ação, em movimento.

Apesar de esta forma de entender o operar do aparato cognitivo trazer em si uma origem marcadamente ligada à sua ideia de Grécia antiga, Goethe teve de ser capaz

17 *Op. cit.*, DKV, v 18, p. 879, utilizo aqui da tradução de Tereza Castro, ainda não publicada.

de confrontar-se com a racionalidade moderna, ainda que a contragosto, sem jamais se submeter a ela. Para a filosofia, propriamente dita, Goethe dizia não possuir *órgão*, mas somente " a reação contínua com a qual eu era coagido a resistir ao mundo invasor e a apropriar-me dele; tive de conceber um método, através do qual procurava apreender a opinião dos filósofos como se fossem objetos e, desse modo, instruir-me"[18]. Apesar deste movimento em direção à instrução, Goethe não pôde deixar de voltar ao seu mais nobre objeto, pois para seu célebre ensaio *A metamorfose das plantas* teve, diz ele, "de desenvolver um método adaptado à natureza"[19]. É desse modo que Goethe parece se arriscar em voos que não podem deixar de confessar sua origem, se não na filosofia, ao menos no pensar acerca do pensar.

É claro que Goethe sempre fez um uso "caseiro" da filosofia moderna, sua inspiração não se deu de maneira uniforme e não podemos notar em seus escritos nenhuma sorte de adesão plena a qualquer sistema filosófico. Goethe não foi e não intentou ser um pensador sistemático, mas não pode se isolar dos construtos teóricos de seu tempo. Em relação à filosofa moderna, o poeta parece possuir uma admiração velada, ele não pôde identificar-se totalmente com o filósofo de Königsbeg, mas também não pode ignorá-lo, não foi

18 Influência da nova filosofia, *A metamorfose das plantas*, p. 65.
19 Ibid.

imune à revolução copernicana empreendida por Kant. Se a *Crítica da razão pura* fez com que Goethe não pudesse deixar de se identificar com a orientação geral de tal obra, ela permaneceu para ele algo cuja "entrada foi o que me agradou, no próprio labirinto não ousava aventurar-me; impedia-me, em parte, o dom poético, em parte, o entendimento comum, e não me sentia de modo algum favorecido em nenhum deles."[20]

Goethe recebeu a *Crítica do juízo* de maneira bem diferente. A ela ele diz dever "um dos períodos mais felizes da [sua] vida.[21]" Nela viu suas ocupações mais díspares postas lado a lado: arte e natureza, numa obra na qual segundo ele "juízo estético e juízo teleológico iluminavam alternadamente". Envolvido por um mundo onde o ver e o intuir não se apresentavam de maneira estática e não esgotavam os seus objetos, acreditava que o juízo por trás de tais operações do nosso espírito tinha de se desenvolver na direção dos objetos simples da natureza.

Mas não nos iludamos! Goethe via nesse aparato pretensamente kantiano apenas a sofisticação daquilo que ele via se manifestar na relação do observador com a natureza mais corriqueira. Para poder defender sua postura clássica, e sua ligação com o modo de operar dos antigos, Goethe não se furtou de usar de uma panóplia fornecida pela filosofia moderna. Quando critica a maneira como a natureza fora tratada por Schiller em seu

20 Ibid.
21 Ibid., p. 66.

ensaio *Sobre a Graça e a dignidade*, o que parece incomodá-lo são exatamente os pressupostos kantianos de tal ensaio, no qual Schiller diz coisas do tipo "Contudo é só na humanidade que o grego inclui toda beleza e perfeição"[22], "Para o Grego, natureza nunca é apenas natureza"[23], "A beleza (...) recebe sua existência na natureza sensível e conquista no mundo da razão o direito e a cidadania[24]", "A legislação da natureza tem existência até chegar à vontade, onde termina aquela e onde se inicia a legislação natural"[25]. Goethe diz que em tal ensaio Schiller "tinha assimilado com alegria a filosofia kantiana, que eleva tão alto o sujeito parecendo diminuí-lo; ele desenvolvia o elemento extraordinário que a natureza tinha depositado em seu ser, no sentimento da sua liberdade e autodeterminação, sendo injusto com a grande mãe"[26], ou seja, a natureza.

Para não mais que ilustrar esta postura, onde a natureza serve de objeto e de proteção em relação ao mundo filosófico, apresento um diálogo entre Goethe e Hegel ocorrido em 18 de outubro de 1827, reproduzido por Eckermann:

> Logo a conversação debruçou sobre a essência da dialética.
> – Em substância, não é outra coisa – disse Hegel – senão o

22 "Sobre a graça e a dignidade", in *Textos sobre o belo, o sublime e o trágico*, p. 99.
23 Ibid., p. 100.
24 Ibid., p.104.
25 Ibid., 126.
26 "Um acontecimento feliz", *Metamorfose das plantas*, p. 72.

espírito de contradição que todos os homens possuem, regulado e metodicamente educado, e este dom se mostra em toda sua grandeza na distinção do verdadeiro e do falso.
O ruim é – interrompeu Goethe – que se abusa com frequência destas artes e habilidades, empregando-as em fazer o falso verdadeiro e o verdadeiro falso.
Isso seguramente acontece – replicou Hegel –; mas somente quando o fazem as pessoas espiritualmente enfermas.
Eu me alegro de haver-me dedicado ao estudo da natureza – disse Goethe –, que não deixa lugar para que se apresente essa enfermidade. Pois aqui temos de nos haver com o infinito e eternamente verdadeiro, onde ruboresce em seguida como um indigno todo aquele que na observação e tratamento de seu objeto não proceda com pureza e honradez absolutas. E estou seguro de que muitos enfermos da dialética encontrariam na natureza uma benéfica cura.[27]

27 *Conversaciones con Goethe*, p. 530.

Parte I

AS METAMORFOSES DE GOETHE

Começar a seguir os passos dados por Goethe na direção de uma postura diante da natureza, e por consequência a sua aproximação (ou ainda sua coação) em relação à filosofia, pelo seu célebre "relato" intitulado *Viagem à Itália* não é arbitrário e não se baseia na mera ordenação cronológica. O célebre livro-relato é ao mesmo tempo marca inicial, embora editado posteriormente, e ponto culminante do que se convencionou chamar de Classicismo de Weimar, ou ainda, de período classicista de Goethe. A viagem, as descobertas da viagem, a maneira como o poeta se relaciona com os elementos do solo clássico já figuram por si o seu classicismo. Não há como deixar de notar que temas como o da relação entre arte e natureza, do objeto das artes, entre outros que se tornaram matrizes do pensamento classicista de Goethe, já se fazem notar desde as primeiras passagens do texto.

A procura por certa antiguidade é o que se pode considerar um mote fundamental da *Viagem*. O resultado daquilo que se forma quando o poeta estava em solo italiano se estenderia por toda sua obra, por seus trabalhos literários e teóricos, e se tornou quase que um eixo cujos raios se projetam para os mais diversos setores de seu pensamento. O constrangimento inicial diante dos frutos da antiguidade faz com que o poeta busque uma concepção objetiva de arte, de natureza e, por que não, de vivência. A mudança não se fez sem dor, não foi uma vida idílica que permitiu uma nova postura.

Em seu texto "*Et in Arcadia ego*: Poussin e a tradição elegíaca", Panofsky discute o uso da frase latina que dá título ao texto, usada como epígrafe do livro *Italienische Reise*. Ao abordar o uso de Goethe, o historiador da arte coloca a relação entre os dizeres latinos e o livro nos seguintes termos:

> No uso da frase *Et in Arcadia ego* por Goethe, a ideia da morte foi totalmente eliminada. Usa-se numa versão abreviada (*Auch ich in Arkadien*) como numa legenda para sua famosa descrição de sua feliz viagem à Itália, de modo que significa, simplesmente, 'Eu, também, estive na terra da alegria e da beleza'"[1].

Pode-se até pensar que não há uma referência imediata à morte, como a do célebre quadro de Guercino cujo título é a frase latina, onde dois pastores árcades se deparam com uma portentosa caveira. Mas temos de considerar que, nessa jornada, cujo relato literário ganhou contornos de uma espécie de romance de for-

1 *Significado nas artes visuais*, p. 409.

mação, há também uma espécie de morte, uma morte que permite um segundo nascimento. Não vamos aqui entrar no mérito da discussão colocada no texto de Panofsky, mas se há uma coisa que se pode dizer do célebre relato de Goethe é que o constrangimento – que tem por consequência o rompimento com a postura mais ligada à subjetividade emergente diante do mundo que se abre diante de seus olhos – é análogo ao dos pastores pintados por Guercino diante do cadáver. Lembremos também que a epígrafe será ironicamente usada em outro texto biográfico, *Campanha na França*, numa versão adaptada: "*Auch ich in Campagne*"[2] (Também eu na campanha).

Não foi apenas um encontro com um mundo belo e solar que gerou a inscrição, muito menos foi este mundo feliz que se apresentou na edição de seus textos supostamente redigidos em solo italiano. A Itália é personagem central do relato, mas divide o espaço com um homem em construção: Goethe! As descrições de belezas e de alegrias parecem ser acompanhadas de um olhar que se educa. Portanto, a obra é quase que um roteiro de formação.

Temos de pensar o texto *Viagem à Itália* não como simples diário ou relato de viagem. Goethe editou as diversas fontes[3] e as partes que formaram o todo do

2 *Op. cit.*, Reclam, p. 5.

3 Na edição alemã DKV, v.15, tomo 2: *Tagebuch der italienische Reise* (1786), *Notizien aus Italien* (1786- 1788), *Auszüge aus einem Reise-Journal* (1788/1789).

livro foram publicadas muitos anos depois – a primeira parte em 1816, a segunda em 1817 e a "Segunda visita a Roma", terceira parte da obra, apenas em 1829. Portanto temos de pensar o texto como algo produzido, algo engendrado (e, em última análise, até forjado) a partir das fontes da época (como cartas e anotações), mas com um toque criador do autor que já havia pelejado em nome de uma visão mais clássica das artes e do mundo.

Como ele mesmo diz a Schiller décadas antes da publicação de *Viagem à Itália*: "O diário de minha viagem de Weimar até Roma, minhas cartas de lá, o que mais há entre meus papéis, só poderiam ser redigidos por mim (...). Uma vez elaborados para uma composição proposital, tais documentos até que alcançariam algum valor, mas da forma original que se encontram eles são até ingênuos demais."[4] Os documentos passarão pelo crivo do poeta e a eles serão suprimidas e incorporadas passagens que justifiquem aquilo que se quer demonstrar.

O livro surge já no período criativo que ficou conhecido como a fase de maturidade do autor, num momento onde o classicismo já não era voz unissonante na consciência de Goethe[5]. O livro recria as condições e o período que deram à vivência de Goethe um novo significado. Portanto, mais do que nos perguntar o que procurava Goethe em solo italiano, diante do texto devemos nos

4 *Goethe e Schiller – Companheiros de viagem*, p. 91.

5 Os comentadores tendem a encerrar a fase do Classicismo no ano de morte de Schiller (1805).

perguntar o que Goethe pretende nos mostrar com esta espécie de romance de formação cuja personagem central é ele mesmo. Mais do que se apresentar como personagem, Goethe "fala de si, qual fenômeno natural atuando no plano da segunda natureza da escrita"[6], como apontou João Barrento. Sobre este artifício, no qual Goethe se constrói de modo que ele mesmo passa a ser um outro objeto, Bakhtin aponta para uma "biografia criadora"[7]. Essa construção de si mesmo, ainda que narre aquilo que aconteceu, é entremeada por um fio proposital na tecelagem do tempo. Situações que, se verdadeiras ou não, em nada perdem em importância e significação, pois o cultivo do próprio narrador e o recado aos homens de seu tempo formam os dois focos dessa construção elíptica.

Para melhor observarmos Goethe em formação, faz-se necessário que compreendamos o contexto em que tal viagem fora concebida. Para isso nos dirigiremos, primeiramente, aos textos que datam desse período anterior à célebre jornada, para neles encontrarmos um quadro de como pensava o poeta antes de aportar em solo clássico.

6 *O arco da palavra*, p. 88.

7 "O Tempo e o espaço nas obras de Goethe", in *Estética da criação verbal*, p. 248

1

Os anos de aprendizagem em Weimar

Goethe parece querer nos mostrar em *Viagem à Itália*, camada por camada, aquilo que ele mesmo chamou de seu renascimento, renascimento que lançou as bases para o Classicismo de Weimar, que já fazia parte de um passado na época de publicação do relato. Porém, seria difícil imaginar que o autor de *Os sofrimentos do jovem Werther* segue para a Itália, ainda como digno representante do *Sturm und Drang* – movimento intelectual que priorizava os frutos de uma subjetividade infinita –, e lá se vê renascido completamente. Temos de dar, ainda, um passo para trás e analisar o que fora escrito ainda no período que ficou conhecido como primeira fase em Weimar (1775-1786), alguns anos antes de sua "fuga" para a Itália. Pois, para obter certa precisão acerca da mudança ocorrida na Itália, temos de investigar como pensava o poeta antes de tal viagem. Já na época de Weimar, cercado por Herder, Wieland, Charlotte Von

Stein, Lavater e outros[1], há algo de novo a germinar em Goethe.

É usual chamar o ano em que Goethe passa a residir em Weimar (1775) como o ano em que se encerra o *Sturm und Drang*. Mas a mudança não é em nada repentina. O ímpeto que marca a trajetória poética e criativa das primeiras obras e a atitude tempestuosa diante do mundo e dos sentimentos – chamada de prometeica ou titânica – vai gradualmente dando lugar a uma nova postura. É neste período, que chamaremos de anos de aprendizagem, que o terreno principia a ser preparado para um renascimento, sem desconsiderar toda a carga fúnebre que tais mudanças pareceram trazer à socapa. Se não notamos ainda os fatores que seriam marca distintiva de sua obra posterior à jornada, uma atitude diferente da que podemos perceber em obras como *Clavigo* e *Os sofrimentos do jovem Werther* vai se desenhando pouco a pouco. Não estamos a antecipar o renascimento de Goethe para uma época anterior à estadia italiana, mas cabe entender que o próprio renascimento exige uma movimentação anterior que o faça germinar. A aproximação em relação aos antigos, ou ainda, ao modo de operar à maneira dos antigos, tem de

1 O primeiro já conhecido desde os tempos do *Sturm und Drang* e também passava por uma transição intelectual; o segundo autor de *Agathon* e *Komische Erzählungen* e dono de uma visão acerca da antiguidade (bem diferente da que Goethe adotaria); a terceira tomou parte, juntamente com Herder, das discussões acerca da *Ética* de Espinosa; e o último era um célebre pensador acerca da fisionomia, ciência que na época examinava as relações entre a parte externa dos homens e a interna.

principiar diante de condições propícias para que se ocasione um movimento interior que conduziria ao intento da própria estadia em solo clássico.

Na juventude Goethe se apropriava poeticamente da natureza no âmbito de sua grandeza; a subjetividade trazia ímpetos de infinitude em analogia radical e tempestuosa com o mundo natural, como bem detecta o Espírito da Terra, na primeva versão de *Fausto*:

> Imploras aspirando me ver,/ Ouvir minha voz, olhar o meu semblante./ Curvo-me à forte súplica da tua alma./ Cá estou eu! Que miserável temor/ Apropria-se de ti, Super-homem! Onde está o clamor da alma?/ Onde está o peito que gerou um mundo em si?/ E o carregou, o fecundou e, tremendo de alegria, inflou-se ousando elevar-se para se igualar a nós espíritos?[2]

Este sujeito que com clamor topa de frente com o espírito da terra – mas não o suporta! –, e que era a medida de grandeza fundamental para que se pudesse vislumbrar o todo da natureza, vai começar a sair de cena. Nos anos de Weimar a natureza começa a perder a carga de relação direta com a subjetividade. Principia a ser prioridade a aproximação em direção à natura infinda por um caminho mais objetivo e não mais pela via do sentimento e pelo clamor. Em Weimar o *Sturm und Drang* dá lugar ao que Werner Kohlschmidt chama de

2 *Fausto zero [Urfaust]*, p. 25.

"humanitarismo pré-clássico"[3].

Se os primeiros passos que permitiram esta guinada clássica já se encontram, mesmo que de maneira seminal, nos textos deste período, as novidades não se mostram de maneira pura; temos que considerar que o processo está em início, a nova postura se deixa aparecer ainda sob certo jugo do mundo subjetivo, as novas atitudes se revelam de maneira perpassada por passagens que nos remetem à tempestade e ao ímpeto. Um bom exemplo disto é o texto intitulado "Sobre o Granito".

Alguns teóricos como Nicholas Boyle e Karl Otto Conrady[4], apontam para um fato esclarecedor: tal texto foi redigido com o pretexto de figurar como parte de uma obra, não realizada e que permaneceu em sua etapa inicial e fragmentária, que se chamaria *Romance acerca do universo*. A suposta origem deste fragmento esclarece de certo modo como o texto se desenvolve, pois ao lado de trechos de uma verve poética comovente, vemos descrições que já apontam para traços do que viria a ser o discurso científico dos textos morfológicos redigidos nas décadas subsequentes.

A própria intenção de escrever o tal "romance" mostra que ainda não temos a resignação humilde que marcaria os textos morfológicos que surgirão depois de sua viagem à Itália. Goethe ainda pretende encontrar

3 "O classicismo", *História da literatura alemã*, p.273.

4 O primeiro autor da extensa biografia *Goethe The Poet and the Age* (p. 347) e o segundo autor do também extenso *Goethe Leben und Werke* (p. 397), talvez a mais conceituada biografia de Goethe.

o fio de Ariadne da natureza. Um fio que o conduza, como Teseu, para fora do caos dos fenômenos, e que permita uma abordagem da natureza estabelecida não por suas partes, mas por aquilo que a subjaz, aquilo que fundamenta os fenômenos naturais em sua totalidade. Neste contexto a escolha do objeto a ser estudado não é gratuita e é por si reveladora. Pois, como nos afirma o autor, qualquer jornada em montanhas desconhecidas

> Reafirma a antiga experiência de que o granito seja o mais profundo e o mais elevado elemento, de que este mineral (...) forma o fundamento de nossa terra, uma fundação sobre a qual se formaram todas as montanhas. Ele permanece inabalável nas profundas entranhas da terra, seu elevado dorso se projeta em altos picos que as águas ao redor nunca poderão tocar.[5]

É este o objeto mais apropriado para aquele que pretende triunfar numa empreitada que traz em si o intento de abarcar o fio condutor da natureza. Pois o mais profundo e elevado mineral é também o que subjaz fisicamente a toda a natureza. Além de ser um testemunho de diversas idades do mundo, o granito é aquilo que permaneceu, mesmo que em ruínas, e que serviu para originar vida nas diversas idades do mundo.

Goethe, se ainda não abandonou, parece pretender abandonar, mesmo que apenas parcialmente, as concepções da juventude e começa a dar espaço a uma

5 *Granit II (1785)*, DKV, v. 25 p. 313.

postura mais serena. Embora não tenhamos uma resignação diante do mundo do devir. Ainda notamos uma espécie de projeção do humano em relação à natureza. Essa projeção se dá por uma oposição entre o cambiante espírito humano e o mineral perene: "Eu sofri e continuo a sofrer muito com a inconstância do modo de pensar humano (...) devo perdoar meu desejo por esta tranquilidade que nos assola quando permanecemos na solidão e silêncio sussurrante da natureza, sempre vasta e com voz duradoura.[6]" A maneira como o granito é tratado o opõe diretamente ao coração dos homens. Ao passo que o último é visto como a mais jovem, a mais diversa, a mais fluida, a mais cambiante e a mais vulnerável parte da criação, o primeiro é posto como o mais velho, o mais firme, profundo e o mais inabalável filho da natureza.

A oposição parece ter por intento mostrar por que razão o bem sucedido autor de obras que têm nas emoções humanas o seu objeto privilegiado (vide *Werther*) se vê agora diante de algo que se opõe, quase que diametralmente, ao seu objeto mais conhecido e fecundo, o coração dos homens, e se vê absorto nesse objeto sublime. O poeta parece querer se deixar levar por este "antigo e digno monumento dos tempos"[7] na direção das forças ocultas da natureza: "É evidente que todas as coisas na natureza têm uma clara relação umas com

6 *Granit II (1785)*, DKV, v. 25 p. 314.
7 Ibid.

as outras, e que o espírito investigador resiste a ser refutado naquilo que ele pode perceber".[8] E o granito, com sua profundidade e elevação, é quase que um objeto que estabelece um elo imediato entre o observador e as forças da natureza.

O caminho se dá não pelas manifestações da natureza isoladas em fenômenos que tenham tais forças em sua gênese, mas de maneira direta. São as próprias forças da natureza que afetam o espectador:

> Neste momento, em que as forças interiores da terra, de atração e de movimento, agem direta e igualmente sobre mim, sou impulsionado para uma contemplação mais elevada da natureza. E, como o espírito humano a tudo vivifica, também em mim nasce uma imagem análoga de uma sublimidade a qual não posso resistir [9].

É da imobilidade perene do granito e de sua proximidade com os céus que surge uma imagem viva. Ela se encontra no ponto onde o mais profundo e o mais elevado na natureza se aproximam. Essa imagem se ligaria diretamente às forças da natureza, ela é simultaneamente fruto e causa das ações das forças da natureza. Se ainda não se encontrou um princípio que fundamente o modo como os fenômenos nos aparecem, o objetivo será o de construir, com auxílio do granito, uma imagem onde as forças da natureza se façam sentir em sua ma-

8 Ibid.
9 Ibid.

nifestação mais sublime. Não podemos dizer que esta imagem seja objetiva, pois depende do espírito inquieto e não pode ser plasmada exteriormente de modo que a pudesse esgotar.

Mais adiante Goethe diz: "Aqui neste primevo e duradouro altar erigido diretamente sobre o solo da criação eu trago o ser de todos os seres em sacrifício. Eu sinto a primeira e mais perene origem de nossa existência (...). Minha alma é elevada para além de si e acima de todo o mundo, e ela anseia pelos céus, que estão tão próximos" [10]. É este sentir que traz uma carga de subjetividade que parece se bastar no ato de abarcar a natureza e, mais do que isso, eleva a alma do poeta que principia um movimento em relação ao mundo natural. É esse sentimento que age como sopro que impulsiona o espectador a intentar uma aproximação com a natureza totalizante.

Como resolver tal impasse? Impasse entre o desejo da alma, ou ainda, os sentimentos na alma, e as "próprias pedras". O primeiro movimento na direção de uma conciliação é o de uma apreciação mais serena e objetiva, que leva em conta o conflito de teorias sobre o assunto. O caminho trilhado por ele e sua alma não se vê satisfeito com "as obras de nossos predecessores"[11]. O método subjetivo, que eleva o espírito e o faz sentir as forças da natureza, não se vê sustentado pelos teóricos e nem mesmo pelo que há de observável no granito. O

10 Ibid.
11 Ibid.

diagnóstico do impasse é claro: não há na teoria algo que possa transpor objetivamente para o discurso ou mesmo para o campo figurativo tudo aquilo que fora sentido.

Avançando um pouco cronologicamente, para o início de *Viagem à Itália*, podemos notar que esta atitude permanece em grande parte intacta. Já nas primeiras passagens do livro, e mais precisamente a passagem de 8 de setembro ainda na Suíça, podemos ler algo que nos remete a este e a outros ensaios redigidos em Weimar na primeira metade dos anos 1780: "Adquiri muitos conhecimentos para minha teoria da criação do mundo, mas nada de muito novo ou inesperado. Tenho também sonhado bastante com o modelo de que venho falando há tanto tempo, mediante o qual gostaria de ilustrar o que se passa em meu íntimo e, no entanto não posso tornar visível a todos na natureza"[12]. O problema é o mesmo, as forças da natureza que se fazem sentir subjetivamente não dão o caminho objetivo que permitiria sua descrição objetiva. Há um abismo entre a natureza sublime e infinita que se manifesta no íntimo do poeta e os objetos observáveis enquanto fenômenos. Um abismo que se coloca entre o mundo subjetivo, como aquele onde a natureza se manifesta com todas as suas forças, e o mundo objetivo, aquele do qual apreendemos parcialmente as forças da natureza em suas mais variegadas manifestações. Esse abismo, que é a origem do movi-

12 *Viagem...*, p. 20.

mento de formação de Goethe, terá de ser transposto.

Tais textos parecem já apontar para um maior comedimento, embora a relação de Goethe com a natureza ainda seja subjetiva e aponte a tensão gerada entre a observação dos fenômenos naturais e das forças que são percebidas em sua alma. O que podemos notar nessas linhas e em outras é uma "atitude tranquila e moderada, ainda que cheia de calor"[13]. Não se trata de uma guinada na direção de uma busca por objetos singulares; Goethe está transitando por uma natureza totalizante que se manifesta diretamente no espírito do observador e que traz uma relação de intimidade com sua alma, mas que já não é a relação direta e pulsante entre infinitos. Porém, é dessa tentativa de se objetivar a manifestação subjetiva da natureza que o caminho parece se apresentar. Da tensão entre estas duas formas de discurso (o do que se sente no íntimo e o que se vê objetivamente) é que principia o movimento na direção das existências mais simples.

A busca de alívio para essa tensão, gerada entre os fenômenos singulares da natureza e a sensação total das forças da natureza, vai ocasionar uma reflexão acerca da própria tentativa de abarcar diretamente a conexão entre esses dois extremos, de modo a superar a esfera do sentimento. Este primeiro movimento em busca da objetividade se deixa perceber em outro texto do

13 KOHLSCHMIDT, W., "O classicismo", *História da literatura alemã*, p.273.

mesmo período, o célebre escrito "Estudo a partir de Espinosa"[14]. Aliás, vale ressaltar que toda esta etapa anterior, ou ainda, de transição, ao Classicismo traz como um de seus nortes a estrela de Espinosa. Mesmo que a leitura de Espinosa não tenha sido sistemática e muito menos completa, Goethe parece ter se sentido próximo do espírito do filósofo holandês.

Lembremos que o estudo é a partir de Espinosa e não um comentário acerca de Espinosa[15]. A intenção de Goethe parece trazer em si um escopo que se apresenta como minimamente espinosano para poder externar o seu próprio ponto de vista em relação à natureza. O poeta parece se apropriar da terminologia de Espinosa para dela colher seus próprios frutos. Aliás, Goethe não foi e não intentou ser filósofo, o uso que faz da filosofia se liga, no mais das vezes, a problemas que não têm sua origem na especulação filosófica como um todo. Os usos da filosofia estariam mais ligados a questões que têm sua origem na tensão originada na relação do sujeito com as coisas do que em uma reflexão acerca de sistemas e suas respectivas metafísicas. Goethe nunca teve a pretensão de esgotar a reflexão acerca do filosofo holandês, como ele mesmo escreve: "(...) hão de conceder ao autor de *Werther* e *Fausto* (...) que ele não tenha a presunção de

14 Este último é de redação um pouco posterior ao primeiro, escrito em 1785, provavelmente meses distanciem estes dois textos.

15 Sobre esta relação com Espinosa podemos encontrá-la sistematicamente demonstrada no texto de Wilhelm Dilthey "Goethe y Spinoza", *De Leibniz a Goethe*, p.363.

julgar entender perfeitamente um homem que, discípulo de Descartes, elevou uma cultura matemática e rabínica a alturas de pensamento em que se vê ainda hoje o termo de todos os esforços da especulação"[16].

Neste texto sobre Espinosa, no qual Goethe identifica existência (*Dasein*) e perfeição (*Vollkommenheit*) já nas primeiras linhas, temos uma tentativa de se entender os fenômenos simples como que vinculados ao infinito da natureza totalizante e ao mesmo tempo como manifestações em si infinitas:

> Um ser vivente limitado integra o infinito, ou melhor, tem algo de infinito em si, temos de preferir dizer que não se pode apreender inteiramente o conceito de existência e perfeição de um ser vivente, nem sequer o mais limitado. Portanto, devemos considerá-lo infinito como o imenso todo, no qual estão compreendidas todas as existências[17].

Esta conexão entre os fenômenos da natureza não é uma preocupação que tem sua raiz apenas em Espinosa, Goethe se vê forçado a avançar na direção das manifestações pretensamente mais sutis da natureza. Segue-se o mesmo movimento, pois diante da impossibilidade de se medir uma coisa vivente, ela "mesma deve dar a unidade de medida, que é sumamente espiritual e não pode ser encontrada pelos sentidos"[18]. É nesse contexto de uma

16 *Poesia e verdade*, p. 507.
17 "Studie nach Spinoza", DKV, vol 25, p. 14.
18 Ibid.

conexão natural, que é percebida pela alma, mas que não se vê percebida pelos sentidos, que Goethe parece sonhar com aquele modelo que se ilustraria integralmente em seu íntimo. Não podemos tornar esse modelo visível na natureza, pois ele está relacionado com o espírito do observador. A alma é que pode perceber "uma relação quase em seu germe, cuja harmonia, se estivesse inteiramente desenvolvida, não poderia sentir ou descobrir de uma vez; chamamos esta impressão de sublime, e é a mais nobre daquelas das quais a alma humana pode participar"[19].

Neste momento Goethe possui ainda, como na sua juventude, um grande apreço pelo sublime. As forças sublimes da natureza se deixam perceber, mas apenas no íntimo; tal sublimidade não pode ser emitida em qualquer sorte de discurso e não é passível de objetivação. Assim como a sensação das forças da natureza no texto sobre o granito gerou uma imagem onde a sublimidade a tornava irresistível, aqui o sublime, em consonância com Edmund Burke[20] e a visão moderna acerca deste termo, está ainda ligado a uma tensão que enche o espírito, eliminando qualquer outra ideia. O passo a ser dado deve superar essa visão sublime da natureza, deve

19 Ibid.

20 Sobre o sublime E. Burke diz: "Qualquer que seja o objeto que produza uma tal tensão, deve produzir uma tal paixão similar ao terror, e consequentemente deve ser uma fonte do sublime, ainda que não tenha nenhuma ideia de perigo ligada a ele." *A philosophical Enquiry into the origin of our ideas of the sublime and beautiful*, p. 121 da edição de Oxford World's Classics de 1990.

também permitir que esta se possa demonstrar por objetos e seres que tenham "um modo pelo qual o possamos apreender com facilidade, e que esteja em uma relação tal com a natureza que o possamos captar com prazer, a este objeto chamamos Belo"[21].

Goethe ainda não parece estar disposto a abrir mão da visão genial e sublime da natureza, muito menos podemos colocá-lo na esteira da discussão sobre o belo e o sublime dos ingleses e que depois desembocaria em Kant22. O que podemos perceber é que a relação com a natureza é tensa e problemática. Mas o germe da solução de Goethe para o impasse, ou seja, partir das existências simples em direção ao todo, parece ser dado neste texto, pois ele indica que todas as "existências limitadas são no infinito, mas não são parte do infinito, mas participam da infinitude"[23]. Nosso saber intuitivo busca a conexão entre as coisas do mundo; nisso se vê frustrado, pois a conexão se mostra num âmbito que permanece fora das capacidades objetivas de nosso espírito. É pelo desvio de Espinosa, ou seja, por esta visão participativa de natureza, que o primeiro passo goethiano em direção à solução das tensões é dado.

A noção de participação, embora traga algo de insondável em si, permitiria que Goethe voltasse seus olhos

21 "Studie nach Spinoza" in SW, DKV, vol 25, p. 14.
22 A discussão sobre o belo e o sublime no século XVIII tem diversos pensadores envolvidos (Burke, Shaftesbury entre outros) e ganha destaque na primeira parte da *Crítica do juízo*, de Kant.
23 Ibid.

para as existências mais simples, gerando uma visão de mundo que não se estabelecesse a partir das conexões diretas do íntimo do poeta em direção a um todo. Se toda existência limitada participa da infinitude, o particular tem sua carga de universalidade. A equação obscura entre particular e universal, existência simples e infinitude, será uma das mais caras tópicas do pensamento morfológico de Goethe. E é exatamente a partir dos particulares que Goethe vai poder ver a atuação das forças da natureza infinda.

Este conflito, esta tensão, entre sujeito e natureza, em que o interior passa a não poder mais ser a única chave de resposta, pode ser pensado como um primeiro passo em direção à autolimitação de Goethe, embora a possibilidade de limitação dos objetos a serem observados ainda estivesse por nascer. É justamente em solo Clássico que uma visão que permita o trajeto das coisas mais simples para as mais complexas começa a mostrar seus contornos.

2

O renascimento de Goethe

Com o intento de se educar, Goethe parte para a viagem que seria um marco decisivo de sua vida. Sabemos da hora de sua partida de Karlsbad, 3 da manhã, sabemos o que fazia antes de partir, comemorava o seu aniversário, e "Munido apenas de um alforje e de uma mochila de texugo, lancei-me sozinho numa mala-posta"[1]. Pouco importa aqui relatar o que originou a tal jornada. Muitos estudiosos transferem o problema para a biografia de Goethe, ao passo que aqui, depois de um breve estudo dos textos redigidos anos antes da decisão pela empreitada, o que podemos pensar, mesmo que não de maneira absolutamente conclusiva, é que Goethe partiu porque estava pronto para partir!

Muito mais do que um relato de viagem, o que podemos ver nas páginas que formam o todo de *Viagem à Itália* é um olhar em permanente educação. O olhar de Goethe vai se delimitando e se expandindo, formando-se de acordo com os objetos encontrados. Assim como

1 *Viagem...*, p. 11.

no salão dedicado à antiguidade na galeria de pintura de Munique notou sua falta de treino para com os objetos da antiguidade, Goethe parece, nas passagens que antecedem a primeira estadia em Roma, indicar um processo de composição do livro. Mostrando-nos o tempo todo a sua falta de intimidade com tudo aquilo que se tornaria objeto privilegiado de estudo e admiração.

Por exemplo: é sabido da dedicação que Goethe teve com o reino vegetal já em solo italiano e ainda mais depois de sua viagem, em Brenner, porém, o autor confessa:

> No que diz respeito às plantas, sinto muito claramente a minha situação de aprendiz. (...) Por certo, trago comigo meu Lineu e tenho sua terminologia bem fixada em minha mente, mas onde encontrarei tempo e tranquilidade para a análise, que, aliás, nunca será meu forte? Por isso aguço o meu olhar para as características mais gerais e, no lago de Walchen, ao divisar a primeira genciana, chamou-me atenção o fato de ter encontrado somente plantas novas junto d'água, até o momento.[2]

Este pequeno trecho é esclarecedor, pois já mostra uma característica que Goethe aprofundará e teorizará ao longo de sua vida: o problema em relação à análise – em muitos textos posteriores a tal jornada a ciência analítica será alvo de ataques impiedosos. Como alternativa a ela surgirá, e depois tomará forma, o olhar. O olhar

2 *Viagem...*, p. 23.

aguçado está em formação, ele se aguça, é do olho que se parte. Na verdade, o que temos é um movimento que se assemelha a uma espiral: o fenômeno afeta o olhar, o olhar com ele se aguça e se educa simultaneamente, para, em seguida, voltar-se para o fenômeno, que novamente afeta o olhar que se aguça, e assim por diante. O olhar é para Goethe algo em constante formação.

Ainda nessas passagens parece haver um intento de abandono daquilo que se pensou anteriormente. Goethe quer ver se seus olhos "estão limpos e veem com clareza, o quanto posso apreender em meio à velocidade, e se as rugas sulcadas e impressas em meu espírito podem ser de novo removidas"[3]. O íntimo do observador será substituído pelo olhar como lugar onde o mais nobre e elevado nos afeta. O movimento de abandono daquilo que se sente e que privilegia o visto como local onde se associam o que nos afeta e nosso interior vai se desenhando de modo paulatino. Ao final, é deslocado para o olhar o centro de gravidade da relação com as coisas.

O olho que ainda está a aprender a postura diante das plantas e dos seres viventes segue uma argumentação análoga à postura diante das pinturas ("tenho, em primeiro lugar, de reacostumar meus olhos às pinturas[4]") e do salão dedicado a obras antigas que viu em Munique. Nesta longa passagem que encerra a etapa nórdica da viagem (no Brenner, 8 de setembro) parece

3 Ibid., p. 30.
4 Ibid., p. 14

haver uma preocupação em apresentar o quadro preciso das deficiências a serem sanadas na jornada. Como estas são as últimas passagens antes da chegada em solo italiano, muitos dos traços característicos do que chamamos os anos de Weimar são, de alguma forma, delineados. Parece que neste princípio de relato, ainda em solo pátrio, Goethe pretende mostrar o quadro de suas ideias quando no norte. Não que tais passagens sejam artificiosas, mas dentro da composição do texto elas cumprem o papel de mostrar como estava sendo conduzida, até ali, a inquietação intelectual de Goethe. E, ainda além, mostrar como o poeta teria de mudar para chegar ao patamar que se encontrava no período de publicação do livro.

As páginas datadas de 8 de setembro trazem descrições em sua maioria geológicas e mineralógicas, o que traz clara referência aos textos compostos antes de sua viagem. A partir daqui ocorrerá um afastamento em relação às pedras e montanhas, bem como uma aproximação em relação às naturezas orgânicas. Se neste trecho as plantas fazem sua primeira aparição, elas ainda aparecem muito ligadas ao local de cultivo, à geologia, e à influência das montanhas na sua formação. O deslocamento do olhar é desenhado com vigor. Só o olhar pode captar a vida dos seres, a beleza das artes, o movimento dos homens, entre outras coisas. Quando Goethe diz: “Interessam-me agora tão somente as impressões captadas pelos sentidos, e estas livro algum, pintura alguma oferece. (...)"[5], o que parece evidente é que é na tentativa de uma experiência viva das coisas que seu renascimento deve ter origem.

É à beira do lago de Garda que o primeiro impulso em direção ao clássico terá lugar. É onde o verso de Virgílio "Tu Benacus (lago de Garda), que te ergues como as vagas e o rugido do mar"[6] torna-se vivo em seu conteúdo. Torna-se vivo diante dos olhos de Goethe. A verdade do verso hoje, na verdade em 1786, é a mesma que nos tempos de Virgílio. É na natureza que o verso permanece vivo e verdadeiro. Há uma anexação da verdade natural em relação à passagem poética. A verdade natural é aquela que permaneceu. Ela não perde nada de sua veracidade nem com o passar de milênios. Suas manifestações no mundo do devir, sujeitas ao tempo, permanecem. A arte poética se alia à natureza, pois é a arte que enobrece a manifestação. Ou seja, a verdade natural que deu origem ao verso de Virgílio permanece, o verso então se torna vivo, da união do verso com sua localidade correspondente é que observamos tanto a vida do verso quanto a verdade da natureza. A antiguidade clássica não mais se lhe afigura como teoria e anseio, mas como um princípio de conhecimento sentido e experimentado.

A antiguidade que se vai desenhar parece baseada na permanência, não somente das obras dos artistas e

5 *Viagem...*, p. 30.
6 *Viagem...*, p. 35.

dos versos dos poetas, mas também da natureza. Aliás, nada permanece de maneira tão verdadeira e vívida como a natureza. Principia aqui uma construção de uma antiguidade que se faz passo a passo fundindo o solo clássico com as obras dos antigos. Essa antiguidade terá de ser gerada em uma chave em que não baste a mera apropriação do mundo pelo sujeito; a chave é quase inversa: "Não estou fazendo esta maravilhosa viagem com o propósito de me iludir, mas sim de me conhecer melhor a partir dos objetos que vejo (...)."[7]. O conhece-te a ti mesmo é posto aqui de modo um tanto diverso, Goethe quer se conhecer melhor através dos objetos que vê, e não através de qualquer sorte de reflexão interior. É dessa visão de objetos que seu olhar vai tomando forma.

Em Verona, o autor de *Fausto* se vê diante do primeiro monumento antigo, o anfiteatro. O que ele vê ao observar a construção é "a visão de algo tão grande e de nada ao mesmo tempo"[8]. O problema é que ele se encontra fora de seu *propósito*, pois tal "construção foi feita para que o povo contemple a sua própria imponência, para que se divirta consigo próprio."[9] Encontrar o anfiteatro vazio é encontrar algo fora de seu elemento. O desígnio está abandonado. É o propósito que garante a vida de obras como esta; ver uma obra arquitetônica fora de seu elemento, ou fora de

7 Ibid., p. 54.
8 Ibid., p. 48
9 Ibid.

seu desígnio, é ver algo sem vida, sem qualquer centelha de seu movimento interior.

Para entender melhor a questão do propósito passemos adiante, avancemos até o dia 27 de outubro:

> Subi o Spoleto e estive no aqueduto que é, ao mesmo tempo, a ponte que conduz de uma montanha a outra. (...) Essa é pois a terceira obra da antiguidade que vejo pessoalmente, e a grandiosidade permanece sempre a mesma. Sua arquitetura é uma segunda natureza, atuando em consonância com os interesses dos cidadãos – assim é com o anfiteatro, o templo e o aqueduto. Somente agora sinto o quanto, e com que razão, as arbitrariedades sempre me foram detestáveis, como o Winterkasten em Weissenstein[10], por exemplo, um nada a serviço de coisa alguma, um confeito ornamental, e assim é com milhares de outras coisas. E tudo isso se ergue natimorto pois o que não possui uma verdadeira existência interior não possui vida, tampouco podendo ser ou tornar-se grandioso.[11]

Há aqui uma fusão das obras e seus locais de tal magnitude que a obra parece ter sempre estado ali, não há sequer uma divisão clara entre o que é a obra e o que é a natureza. Assim como na natureza, as existências seguem seu propósito; as obras da antiguidade ou de qualquer era devem ser entendidas no âmbito de seu propósito. A vida dos objetos de arte, nestes primeiros objetos da arquitetura antiga, é algo que Goethe parece

10 Winterkasten, castelo octagonal em Wilhelmshöhe, próximo a Kassel.
11 *Viagem...* p. 142.

exigir. A exigência, em última análise, é de que a arte e o engenho apresentem como que uma segunda natureza. E ainda que a arte, em consonância com a natureza, traga o seu desígnio, a sua ideia formadora no mundo, em sua origem, é da própria coerência de sua constituição e seus desígnios que a vida poderá ser garantida, ou obtida. Assim como em um ser da natureza, o objeto artístico tem de trazer em sua manifestação exterior o seu intento e sua movimentação interior, seu desígnio e seu propósito. À maneira dos seres vivos, as obras de arte carregam em si uma existência plena, quando bem sucedidas. Segundo Bakhtin: "A criação humana possui sua lei interna, deve ser humana (e ter sua utilidade cívica), mas ao mesmo tempo deve ser necessária, coerente e verdadeira como a natureza. Goethe achava abjeta qualquer invenção desprovida de realidade, qualquer fantasia abstrata."[12]

Goethe vai elevar essa conexão entre arte e natureza a tal ponto que na etapa final de sua viagem poderá dizer algo como: "ele [Rafael, o pintor renascentista], assim como a natureza, está sempre certo!"[13] Portanto o que fora dito sobre as obras de arquitetura antigas valerá, num passo posterior, também para a arte moderna; ou ainda, vale para toda a arte. Não pensemos que Goethe, apenas para furtar-se de uma análise das obras de arte, tenha estabelecido um elo desta com a natureza. Não

12 *Estética da criação verbal*, p. 241.

13 Segunda visita a Roma, DKV, Vol. 15, Tomo I, p. 487.

se trata apenas de algo que se aproxime da famosa declaração de Aristóteles em sua *Física*: “a arte imita a natureza”(194a 22).

* * *

Goethe se apropria de tudo que foi visto, há um processo de incorporação que vai formando o seu olhar. A educação do olho é mostrada passo a passo; no princípio a relação entre arte e natureza se dá no âmbito dos usos nas artes dos objetos da natureza:

> Não me canso de dizer o quanto me ajuda na compreensão do trabalho de artistas e artesãos o conhecimento que penosamente adquiri das coisas da natureza, aquelas que o homem necessita como matéria-prima e as quais emprega em seu próprio proveito; do mesmo modo, também o conhecimento das montanhas, e das rochas que delas extraímos, representa para mim uma grande vantagem na arte[14].

Essa ligação ficará mais intensa, até que ambas figurem um mesmo patamar fenomênico elevado. Se para o conhecimento das artes é uma vantagem ter o olhar educado pela natureza, é também verdadeira a equação inversa. No trecho que fala de seu dom de ver com olhos de pintor, Goethe vai dizer que após a apreciação repetida das obras da escola veneziana ele pôde olhar para Veneza e ver

> a melhor e mais fresca pintura da escola veneziana. O bri-

14 *Viagem...*, página 92.

> lho do sol destacava de maneira ofuscante as cores locais, e as sombras eram tão luminosas que, comparativamente, teriam podido fazer as vezes de luzes. A mesma coisa se poderia dizer dos reflexos verdes do mar. Tudo isso numa pintura sobrepondo o claro ao claro, de tal modo que, para por os pingos nos is, foram necessárias a onda espumante e a luz radiante a iluminá-la[15].

Assim como a natureza ajuda a ver a arte, podemos também dizer que a arte nos permite que vejamos o mundo. O fluxo contínuo entre as duas concepções, a natural da arte e a artística da natureza, forma um olhar que segue sua trilha em direção ao verdadeiro.

Esta relação arte e natureza vai se tornar mais complexa na medida em que o conhecimento em ambas as áreas vai aumentando. A abordagem das plantas, no que concerne a esta parte do livro, ainda anterior à chegada em Roma, tem seu interesse renovado e ampliado. Pois em Pádua, a famosa noção arquetípica da *Urpflanze* (planta primordial) começa a ser delineada.

> Em meio às plantas habituais ou a objetos que conhecemos de longa data, não pensamos coisa alguma, e de que vale a contemplação sem reflexão? Aqui, diante desta multiplicidade que me é nova, torna-se cada vez mais viva a ideia de que talvez seja possível remontar todas as *formas* de plantas (*Pflanzengestalten*) a uma única. Somente assim seria possível determinar verdadeiramente os gêneros e as

15 Ibid., p. 102.

espécies, o que no meu entender, até hoje se faz de maneira bastante arbitrária.[16]

O que se pretende é o instaurar de uma nova tipologia, para além da tipologia de Lineu. Ao refletir diante de novos objetos, Goethe percebe a incapacidade de se estabelecer plenamente a tipologia de Lineu, e por fruto dessa reflexão surge uma redução de todas as formas de plantas a uma única, que por **composição** conteria a totalidade do mundo vegetal. Esta representação, que ainda não aparece bem delimitada, se tornará cada vez mais um princípio gerador e encontrará a sua versão mais acabada em solo siciliano. Mas o que importa aqui é ver que os primeiros passos em direção a uma concepção do mundo orgânico são dados na presença de novos objetos. Cassirer, em seu monumental *O problema do conhecimento*, nos apresenta a intenção de superação de Lineu: "O que impedia Goethe de deter-se em Lineu não eram, simplesmente, razões de ordem teórica; era, muito mais, seu sentimento específico da natureza, bem como o seu específico sentimento da vida. O próprio Goethe diz que o órgão com que indaga o mundo é o olho; este homem sentia-se 'nascido para ver, chamado a olhar'"[17].

Outro traço que marca, em paralelo a esse em direção ao mundo natural, é a repulsa pelos motivos dos mo-

16 Ibid., página 71. E SW, DKV, vol. 15 Tomo primeiro, p. 65
17 *El problema del conocimiento*, v. 4, P. 175.

dernos (cristãos) nas artes. Chovem referências a temas cristãos que, embora bem executados, seriam terríveis. O objeto que inspira a arte sacra é muitas vezes infeliz; diante de tais assuntos os "artistas por certo se torturavam para tornar significativas tais mesquinharias."[18] Diante da bela natureza Goethe não pôde suportar imagens de um Cristo esquálido, de famintos se precipitando, de uma circuncisão, entre outros objetos infelizes. O objeto é muito importante em sua concepção de arte e ninguém teve em mãos objetos mais dignos de figuração que os antigos e toda a sua mitologia.

Quanto à arte religiosa, ele diz: "Concluo que a fé fez com que as artes voltassem a se distinguir, mas a superstição apoderou-se delas e as arruinou mais uma vez."[19] Este é outro passo dado em direção aos antigos, pois eles dispunham, em sua mitologia e em sua natureza, de objetos privilegiados. O homem moderno não dispõe de tal fortuna: os objetos a serem pintados devem ser eleitos e não há mais um objeto que se sobressaia. Goethe entende que os objetos das artes têm de ser mais uma vez elevados, à maneira dos antigos. Para completar ainda mais a sua aproximação em relação aos antigos, o poeta fará o deslocamento até Roma, a cidade eterna.

Roma era o local para o qual todas suas forças o impeliam. Talvez isso explique, entre outras coisas, a rápida passagem dele por Florença ("de Florença quase

18 *Viagem...*, p. 54.
19 Ibid., p.124.

nada vi"[20]). É em Roma que a antiguidade vai se fazer presente por todos os lados. É nela que o renascimento do autor de *Fausto* vai ter, em relação mais às artes que à natureza, seu ponto culminante, pois "uma nova vida tem início quando se vê com os próprios olhos aquilo que, em parte, se conhece tão bem, por dentro e por fora"[21]. É entre esses objetos, descritos aqui como velhos conhecidos, que Goethe vai renascer. Toma uma forma acabada aquilo que podemos chamar de renascimento de Goethe, que segundo Dieter Borchmeyer, é o *Leitmotiv*[22] do livro todo.

O renascimento que tem lugar em Roma parece ser uma espécie de *télos* para o qual se dirigia toda a descrição da etapa anterior. Goethe até aqui parece querer mostrar suas deficiências em relação a uma série de objetos. Embora muito do que vemos o poeta escrever em Roma já esteja presente em textos anteriores, é aqui que seu olho vai se formar de maneira incontornável. Neste centro que liga toda história antiga e moderna, o poeta vai se aproximar cada vez mais de uma visão da antiguidade e das artes. O renascimento não se encontra acabado, ainda está em curso. Ele não se refere apenas ao relacionamento com a tradição clássica, mas traz consigo mudanças que se estendem para toda existência do poeta: "O espírito se reveste de competência, alcançando uma seriedade desprovida de aridez, uma

20 Ibid., p. 149.
21 Ibid.
22 *Weimarer Klassik*, p. 125.

alegre serenidade. Para mim, pelo menos é como se eu nunca houvesse apreciado tão bem as coisas deste mundo quanto aqui. Alegro-me das consequências que isso trará para toda minha vida"[23].

O constrangimento diante dos objetos se torna ainda mais forte: "Por certo eu acreditava que fosse aprender de verdade aqui; mas não pensei que fosse ter de voltar à escola primária"[24]. O aprendizado em Roma se dá de maneira intensa e regular, não passamos sequer por uma página onde não se descreva de algum modo a formação de seu espírito. Se até aqui o elemento natural foi tomando forma e conquistando a dignidade, em Roma é o elemento artístico que vai conduzir as mudanças. Diante de obras das mais diversas idades da humanidade, Goethe se vê compelido, de maneira decisiva e irrevogável, para fora de si. A objetividade que irá intentar, a partir de sua primeira visita a Roma, alcançará os níveis mais altos quando o olhar educado pela arte romana mais uma vez se lançar para a natureza.

Roma não é um mero local onde se amontoam obras antigas; Roma é como um grande ser cuja vida sempre faz gerar coisas novas. Uma vida de mais de dois mil anos, onde cada época deixou marcas. Mas Goethe não parece ainda estar tão íntimo dos antigos. Esse momento de constrangimento foi poetizado em suas *Elegias:* "Falai-me ó pedras! Oh falai ó altos pa-

23 *Viagem*, p. 160
24 Ibid., p. 178.

lácios! / Ruas dizei uma palavra! Gênio, não te moves? (...) Roma eterna; só para mim tudo se cala ainda."[25]. Paisagem e obras são aqui postas lado a lado; a descrição se desenvolve pela alternância de um para outro, em benefício mútuo. Obras da antiguidade, como o Apolo de Belvedere, e obras modernas, como as de Rafael e Michelangelo, fazem com que a visão de Roma se dê numa chave em que ela se torna não somente solo clássico, mas solo que traz em si substratos que se ligam a boa parte da história da humanidade.

A leitura de Winckelmann[26] se fará presente nessa tentativa de aproximação dos antigos. Assim como Goethe, o autor de *História da arte da antiguidade* não partilhava da posição de muitos teóricos que tiravam suas conclusões acerca das artes, não da análise meticulosa das mesmas, mas sim de teorias escritas por outros em manuais e catálogos de antiquários. Winckelmann, juntamente com Palladio[27], auxiliam Goethe em seu trajeto em direção à dignidade do elemento artístico antigo. Em seus *Pensamentos sobre a imitação das obras gregas na pintura e na escultura*, o teórico alemão dizia: "O bom gosto, que mais e mais se expande no mundo, começou a se formar, em primeiro lugar, sob o céu grego.(...) O

25 *Elegias Romanas, I*, tradução de Paulo Quintela, in *Poemas*, p. 117.
26 Johann Joachin Winckelmann (1717-1768). Autor fundamental do neoclassicismo europeu, tido por muitos como fundador da história da arte e da arqueologia.
27 Andrea di Pietro della Gondola, conhecido como Palladio (1508-1580), foi um arquiteto italiano e autor de uma obra intitulada *L'Antichità di Roma*.

único meio de nos tornarmos grandes e, se possível, inimitáveis, é imitar os antigos(...)"[28]. Tal declaração pode parecer paradoxal, mas seu alvo é a composição, pois a arte antiga não representa o homem como ele é, há uma emulação da natureza: a arte imita a natureza, mas a bela natureza, superando até mesmo a última. Winckelmann parece crer que não há mais a possibilidade de entrarmos em contato com esta bela natureza, coube aos antigos elevar a natureza ao ideal.

Goethe não será tão radical, a suposição dele de que os gregos "procediam justamente segundo as leis de que se vale a natureza[29]" anuncia outro passo a ser dado. Não é apenas a imitação dos antigos que traria o ideal inimitável da arte, mas a imitação da natureza, de dentro para fora. Se os deuses gregos que encontramos nas estatuárias antigas representavam para a tradição neoclássica o homem mais proeminente que o homem mesmo, e a natureza, quando composta por um artista elevado, aparece mais digna que a natureza mesma, para Goethe um passo ainda deve ser dado, o de dignificar do mesmo modo as operações da própria natureza.

Não é por acaso que, no momento em que a leitura de Winckelmann e a visitação às obras antigas se intensificam, o poeta se sinta impelido para o "ar livre; se, até agora, deuses e heróis foram o alvo exclusivo de atenção, eis que a paisagem reaparece, clamando

28 *Reflexões sobre a imitação das obras gregas na pintura e na escultura*, p. 39 e 40.
29 *Viagem...*, p. 199.

por seus direitos (...)"[30]. É nesse contexto que Goethe "abandona agora a Roma de Winckelmann e, mais uma vez, encaminha seus passos para o sul."[31] Essa espécie de "fuga na fuga" não é gratuita. Depois de um intenso estudo, com base em seu conterrâneo, da estatuária clássica, o autor vai rumar ao lugar onde a natureza figurará como central nas observações. A natureza irá se revelar nas suas formas grandiosas e simples. Esse reencontro com a natureza não significará um abandono dos antigos e do clássico. Será pela plenitude da natureza que Goethe vai poder se aproximar, de maneira quase que intuitiva da antiguidade.

* * *

Na primeira carta escrita no sul da Itália, Goethe descreve o Parque do príncipe Chigi: "O que se vê ali é um verdadeiro matagal: árvores, arbustos, ervas e trepadeiras crescem à vontade, secam, caem, apodrecem. Para mim, está bem assim, é até melhor.[32]" O poeta parece começar a ampliar seu respeito pela dignidade do elemento natural. Ao descrever este parque como algo que se deixa levar pelo fluxo de vida e morte presente na natureza e, ao final, quando demonstra sua aprovação, Goethe parece nos querer mostrar que é no fluxo natural que se encontra a dignidade do mundo orgânico.

30 Ibid., p. 204
31 DORHEIM, A.; "El 'Viage a Italia' y El fragmento 'Nausicaa'" in *Goethe, 1749, 28 de agosto, 1949.*
32 *Viagem...*, p. 213.

Se na beira do lago di Garda Goethe pôde ver na natureza aquilo que permaneceu verdadeiro por séculos e milênios, aqui, a natureza não só parece ser o que permanece, mas ela pode "brincar, diante de nossos olhos, com a magnificência de um mundo passado."[33] Natureza e antiguidade vão se tornando, pouco a pouco, manifestações que se unem em algo ainda não definido. Após a leitura de Winckelmann, Goethe parece impelido em atestar com seus próprios olhos a dignidade do mundo natural; ele se verá num processo onde as noções acerca do artístico e do natural permitem uma série de desenvolvimentos. Pouco a pouco, subverterá a ordem de Winckelmann, priorizando não a arte dos antigos como fonte e objeto do fazer artístico, mas tentará, lançando mão de um olhar que se constrói em analogia com os objetos observados, olhar para o que há de característico na natureza. Não haverá prioridade clara dada para a arte nem para a natureza. Ambos serão entendidos como manifestações infinitas em si. Cabe ao observador, que se percebe incapaz de abarcar a totalidade de qualquer um desses mundos, avançar em direção às características de cada um, tentando extrair a possibilidade de um acesso pela via do essencial e do singular que se manifestam na variedade das formas.

Goethe vai se convencer cada vez mais da necessidade de observação do mundo natural. Como ele mesmo atestará: "Na verdade, eu deveria dedicar o resto da

33 Ibid., p. 218.

minha vida à observação; descobriria coisas que talvez contribuíssem para ampliar o conhecimento humano. Informar, por favor, a Herder que sigo aprofundando minhas investigações botânicas; o princípio é sempre o mesmo, mas seria necessária toda uma vida para desenvolvê-lo."[34]

A dedicação à observação traz agora algo de novo, se antes visava a formação do observador, agora a própria observação se vê impelida para fora dele, na direção das formas da natureza. O observador deveria notar, por meio da experiência repetida dos fenômenos, aquilo que é singular de cada um; este singular é extraído da multiplicidade e colocado acima dela. Somente agora "nesta terra aprendo a compreender e analisar muitos fenômenos da natureza e toda uma confusa gama de ideias conflitantes"[35]; e mais adiante: "Não sentisse eu tamanho interesse pelas coisas da natureza, não visse que, em meio à aparente confusão, centenas de observações deixam-se comparar e ordenar (...), eu decerto, e com frequência, tomaria a mim mesmo como maluco."[36]

Essa observação, que parece extrair o que há de peculiar nas coisas, não tem por base nenhum método preestabelecido de análise, como, por exemplo, o método analítico de Lineu. O acesso à natureza se faz lançando mão da mais nobre ferramenta que se pode conceber: o olhar, o ver; mas não um ver qualquer, um

34 Ibid., p. 244.
35 Ibid., p. 250.
36 Ibid., p. 251.

ver que só se constrói pelos objetos vistos: "Por mais que tenhamos ouvido falar de uma coisa, sua peculiaridade somente se nos apresenta de fato mediante a observação direta."[37]

Esse olhar, essa observação, não visa apenas o mundo das ciências naturais. O artista mesmo deve buscar o singular, para, a partir dele, avançar em direção ao que não é dado imediatamente na intuição. É nessa aparente confusão dos fenômenos que o olhar se educa, é diante dessa percepção que o projeto morfológico de Goethe parece ir tomando forma (embora o nome *Morfologia* ainda não tenha sido cunhado; há ainda uma confusão na nomenclatura; ele fala em conhecimentos botânicos, história natural, entre outros nomes). Aquilo que vimos em um primeiro aceno em Pádua, ou seja, remontar a variedade das plantas e reduzi-las a uma única planta, vai ganhar contornos mais definidos. Diante dessa multiplicidade de formas e manifestações, Goethe vai delinear a composição da planta primordial.

Embora ainda não descreva o caminho que o levou a essa concepção, ele diz: "Uma luz veio então iluminar meus assuntos botânicos (...) estou próximo da solução do problema da planta primordial; receio apenas que ninguém venha a reconhecer nela o restante do mundo vegetal."[38] Esse método que da diversidade das coisas no mundo extrai algo que se eleve para além do mundo não

37 Ibid., p. 256.
38 Ibid., p. 264.

é uma exclusividade de Goethe. Sua descrição como método artístico é antiga. No século XVII Bellori escreve um texto cujo título é por si só revelador: *A idéia do pintor, do escultor e do arquiteto obtida das belezas naturais e superior à natureza*[39]. Goethe parece coincidir com esta visão de que se pode superar a natureza, mas não somente no elemento artístico. Em carta a Herder ele diz: "A planta primordial será a criatura mais estranha do mundo, pela qual a própria natureza me invejará"[40]. Em Winckelmann, Goethe deve ter lido a história de Rafael, que, para pintar sua *Galatea*, não encontrou beleza nas mulheres ao seu redor e passou a servir-se de "uma ideia precisa nascida na [*sua*] imaginação.[41]"

Goethe não parece acreditar que sua descoberta seja uma ideia abstrata, ela deve, assim como o aqueduto de Spoletto, trazer e garantir a sua vida interior. Sua emulação da natureza se dá numa chave um tanto diferente. A possibilidade da planta primordial se forma diante da percepção de que todas as alterações das plantas obedecem a um padrão observável. Ainda não há em Goethe a noção de que isto seja, como no anedotário de Rafael, uma ideia. Goethe não coloca a carga de realidade no seu próprio interior, na sua imaginação, mas sim nas coisas observadas. Assim como o que garante a vida dos objetos das artes é a coerência interna, o mesmo ocorrerá com as plantas "inventadas" a partir deste mé-

39 Apêndice II de *Idea: a evolução do conceito de belo.*

40 *Viagem...*, p. 380.

41 *Reflexões sobre a imitação...*, p. 45.

todo. Elas terão sua verdade garantida pela coerência da composição. Ela, a planta primordial, não tem um estatuto ideal, mas a realidade de um modelo. Modelo que se aplicaria de cima para baixo hierarquicamente a todas as existências mais simples e peculiares.

À maneira de um semideus o poeta poderá criar, a partir deste modelo, plantas coerentes "isto é, plantas que, ainda que não existam de fato, poderiam existir, em vez de constituírem-se das luzes e sombras da pintura e da poesia: Plantas dotadas de verdade e necessidade intrínsecas."[42] O que garante a verdade de tal composição parece ser o mesmo traço que Goethe notou em sua concepção de arte: a vida e a verdade das obras de arte se viam relacionadas com a coerência diante de seu desígnio, o que tornava a arte, quando bem sucedida, uma segunda natureza. O mesmo ocorrerá nessa segunda natureza imaginada e composta que surge na esteira de um modelo que participa de todas as existências. As plantas assim compostas podem não existir, e ainda assim permanecem verdadeiras, como se tivessem existido, ou como se fossem ainda existir.

O caminho não está completo; Goethe ainda vai reduzir a planta, como veremos adiante, à sua parte formadora, o verdadeiro Protheus: a folha. Mas é nesse movimento rumo ao todo das plantas que se fundamentará o que viria a ser seu método morfológico. Portanto, um trajeto que da *aparente confusão* se deixe seguir em

42 *Viagem...*, p. 380.

direção à *unidade* parece ter sido iniciado. Não se generalizam as características do universo botânico. É diante daquilo que reside no caso singular que surgirá a base para uma nova maneira de abordar não só as plantas, mas "tudo quanto vive"[43].

Essa preocupação em relação ao mundo natural não fez com que Goethe abandonasse o intento de se aproximar dos antigos, apenas o intensificou. É por meio dessa natureza, que permite toda a sorte de avanços no que se refere ao mundo das ciências, que ele se aproxima dos antigos. É no jardim de Palermo que Goethe se diz transportado para a antiguidade[44], é nesse lugar, que "embora de um desenho regular, ele parece mágico"[45], que o poeta vai se sentir nos tempos clássicos da antiguidade. Não no sentido de uma nostalgia. Aliás, ao contrário do que diz Cláudia Valladão de Mattos[46], não há um desejo nostálgico no pensamento clássico de Goethe, e não podemos afirmar, com ela, que "Goethe acolhia uma ideia de uma Grécia caracterizada pela harmonia entre homem e natureza, transformando essa Grécia no horizonte utópico do homem moderno.[47]" A chave para entender essa gênese clássica de Goethe, não é a nostalgia, muito menos a utopia. Goethe se vê transportado para a antiguidade: há ainda no mundo aquilo

43 *Viagem...*, p. 380.
44 Ibid., p. 285.
45 Ibid., p. 285.
46 *Goethe e Hackert – Sobre a pintura de paisagem*, p. 26.
47 Ibid., p. 23.

que permaneceu destes tempos, não de maneira meramente temporal, pois, assim como este jardim, plantado "há não muito tempo[48]", projeta a antiguidade, há no mundo muito que se apresenta como antigo, mesmo sem o ser. Há uma antiguidade que é presença. Mesmo que os objetos não sejam cronologicamente antigos, eles levam a uma antiguidade que se nos apresenta, ou melhor, se deixa intuir. É por meio desta antiguidade presente que Goethe vai tentar se transportar para a antiguidade histórica.

Não se trata de um elo temporal, e nem da sensação de perda em relação a algo que não existe mais, mas de um transporte, que não é historicamente determinado, em direção ao que restou da antiguidade. Trata-se de sentir-se não um antigo, mas de sentir o mundo à maneira dos antigos. Essa maneira pode ser aplicada tanto a uma paisagem ancestral, como a do lago di Garda, como a uma paisagem que no tempo de sua aparição não deixa de ser moderna. Assim como a personagem central de uma obra que Goethe inicia a compor em solo clássico, *Ifigênia*, personagem trágica notadamente extraída da antiguidade, pôde ser identificada com a *Santa Ágata* de Rafael, a ponto de não permitir "que minha heroína diga uma única palavra que essa santa não desejasse pronunciar" [49]; diante da paisagem contemporânea de Palermo, o poeta se vê na situação de Odisseu.

48 *Viagem...*, p. 285.
49 Ibid., p. 126.

Se uma pintura moderna, cujo objeto reproduzido não remonta à antiguidade clássica, pôde servir de referência para uma obra que por excelência se pretende clássica, como podemos dizer que há no classicismo de Goethe qualquer pendor nostálgico? Para Goethe há sempre um laço que nos liga ao passado. A presença sempre sensível de traços que nos remetam à passagem dos antigos pela terra nos une ao passado longínquo. Isso leva o poeta a uma clara oposição a qualquer possibilidade de incorporação do tópico da nostalgia, marcadamente romântica.

O que o aproxima da antiguidade é um ímpeto formador que se apropria de objetos dignos da antiguidade, mesmo que não datem dela, e os desenvolvem modernamente, à maneira dos antigos! A dimensão histórica deixa sentir seu substrato temporal, mas não é exclusivamente a partir dele que os preceitos do classicismo se formam. É depois da incursão neste jardim, moderno, à maneira dos antigos, que Goethe corre para adquirir um exemplar de Homero. E é na fusão dessa paisagem, não necessariamente antiga, com a leitura de Homero, que Goethe vai poder formar um quadro mais preciso da antiguidade.

Em carta a Herder o poeta diz:

> No tocante a Homero, é como se me houvessem retirado a coberta de cima dos olhos. As descrições, os símiles etc. nos parecem poéticos, mas são, de fato, de naturalidade indizível, embora traçados com uma pureza e uma pro-

> fundidade de sentimentos que nos fazem assustar. Mesmo os acontecimentos de fabulação mais estranha possuem uma naturalidade que eu nunca havia sentido antes de me aproximar dos objetos descritos. Permita-me exprimir meu pensamento de maneira concisa: *eles* apresentam a existência, *nós* geralmente o efeito; *eles* descrevem o terrível, *nós* descrevemos terrivelmente; *eles* retratam o agradável, *nós* de maneira agradável, e assim por diante. É daí que advém todo exagero, o maneirismo, toda graça falsa, todo empolamento. E isso porque, quando se trabalha o efeito e visando ao efeito, acredita-se não ser possível torná-lo palpável o bastante.[50]

Homero aqui não é descrito apenas como pai dos gregos, mas como um exemplo a ser seguido, exemplo este que evitaria o mergulho no eu, e que se faria de maneira completa apenas nas suas obras em presença daquilo que o poeta antigo descreveu. Homero aqui não pinta com palavras, ele apenas apresenta a existência; há uma coerência interna que se relaciona com os objetos descritos, de maneira que se torna quase que a extensão poética do lugar onde foi gerado. O que aqui poderia parecer gratuito, como seria uma carta extasiada com as descobertas escrita para um amigo distante, é ainda mais cheio de propósito do que se pode imaginar. Em um texto chamado *Fragmentos sobre a literatura recente alemã* (de 1768), o autor de *A Plástica* dizia o seguinte:

50 Ibid., p. 379.

Os antigos(...) falam através de imagens, quando nós, quando muito, falamos com imagens, e a linguagem rica de imagens de nossos poetas descritivos se relaciona com os mais antigos poetas como um exemplo a uma alegoria, como uma alegoria a uma imagem feita com um único golpe. Leia Homero e então leia Klopstock[51]. Homero pinta quando fala, ele pinta a vívida natureza e o mundo político; Klopstock fala para que se pinte, ele descreve – no intento de ser novo – um mundo bem diferente, o mundo da alma e dos pensamentos. Homero, ao contrário, veste estes corpos e diz: 'deixe que eles falem por si mesmos!'"[52]

Os homens em Homero, para Goethe, são quase que os homens primordiais, o processo é análogo ao das plantas. O *educador dos gregos*, ao reduzir os homens às suas ações e à sua existência, faz com que seus homens sejam um modelo pelo qual podemos falar de diversas existências singulares. Os antigos passam, agora sim, a ser o modelo privilegiado de existência, em sua comunidade simples, baseada nas necessidades mais básicas do homem, sem a mistura com convenções e estruturas desnecessárias, ainda que cultivados naquilo que eleva o espírito dos homens acima das necessidades animalescas. Os antigos como homens primordiais, com base na leitura de Homero, não são uma estrutura nostálgica ou utópica, mas meio de se poder reduzir a multiplicidade dos homens existentes a homens despojados

51 Friedrich Gottlieb Klopstock (1724-1803), foi um poeta alemão, autor do *Messias*.
52 Herder, *Philosophical wrintings*, p. 34.

de tudo que é falso e superficial. "Como *Urmenschen* eles teriam apenas aquelas emoções básicas que são comuns a todos os homens emergidos de um estado de barbarismo"[53].

É da paisagem homérica que Goethe consegue achar um elo que vivifique a *Odisseia*. Se no começo da jornada apenas um verso de Virgílio se tornava vivo, agora Homero, mais precisamente a *Odisseia* inteira, ganha vida. Aquilo que permaneceu verdadeiro, ou seja, a verdade natural, faz com que a palavra se torne presente. O mundo antigo, como uma espécie de mundo primordial, se torna presente. Juntamente ao lado do maior avanço em direção ao projeto morfológico, Goethe narra a sua aproximação espiritual com a antiguidade.

* * *

É com o espírito inflamado por estas descobertas acerca da natureza e da antiguidade que Goethe retornará para a cidade eterna. Para continuar sua educação e formação, a *via del Corso* em Roma, a princesa do mundo, será o lar de Goethe por cerca de um ano. Chegamos agora à parte mais verdadeiramente composta do livro, como o próprio atesta a Eckermann:

> Eu retomei a feitura de minha *Segunda visita a Roma* – disse Goethe – para ver se consigo desprender-me dela e passar a outra coisa. Minha já impressa *Viagem à Itália*, como

53 TREVELYAN, H., *Goethe and the greeks*, p. 167.

sabes, eu redigi a partir de cartas. Porém, as cartas por mim redigidas durante minha segunda permanência em Roma não são apropriadas para algum tipo de proveito: versam sobre questões caseiras, de minha situação em Weimar, e muito pouco de minha vida italiana. Mas encontramos algumas observações que expressam minha situação interior no período. Tenho o plano de entremesclar a narrativa destas passagens, de modo a permitir que se perceba o tom e a disposição.[54]

Temos, portanto, de conviver não só com as cartas redigidas no período, como com textos de autores do seu círculo de convivência em Roma e de um narrador que décadas depois dará o tom de sua formação. Além disso, Goethe irá retomar aquilo que, se não foi abandonado na Sicília, ficou um tanto enfraquecido: o estudo das artes. Depois de extrair muita coisa da paisagem e dos fenômenos naturais[55], ele voltará seu olhar aos deuses e heróis. Não que o estudo das coisas da natureza seja abandonado; é em Roma que ambos se aliarão em benefício mútuo: "meu estudo obstinado da natu-

54 Goethe: Gespräche 1829, S. 94 ff. Digitale Bibliothek Band 10: Goethe: Briefe, Tagebücher, Gespräche, p. 31148.

55 Nessa terceira parte do livro, ao lado de passagens que mostram Goethe na tentativa de se alçar ao alto grau do elemento artístico romano, encontramos anexado um pequeno fragmento em torno das questões morfológicas, datado de seu período em Palermo, onde encontramos a famosa declaração: "O órgão que conhecemos como folha é o verdadeiro Protheus que pode se revelar e se esconder em todas as formas vegetais. Do começo ao fim, a planta nada mais é do que folha" (Zweiter Römischer Aufenthalt), DKV, vol. 15, tomo I, p. 401.

reza e a cuidadosa atenção empreendida na anatomia comparada me levaram até onde posso ver às coisas da natureza e da antiguidade como um todo"[56].

Assim como o olhar educado pelas artes de Roma ajudara a poder ver a natureza de uma nova maneira, no retorno a Roma é o naturalista, ou seja, aquele que vê o característico nas singularidades do mundo natural, que vai auxiliar o olhar daquele que se lança à arte buscando produzir ele mesmo arte. Natureza e arte se relacionam de maneira intrínseca e os avanços serão simultâneos em ambos os campos. A arte passa a responder cada vez mais aos critérios por ele cunhados no que se refere à natureza. Os dois campos seguem interagindo na alma do autor de forma que cheguem a ser como manifestações diferentes de um mesmo poder criador. Há algo que os interconecta, há algo de análogo neles: "A arte se tornou para mim uma segunda natureza, assim como Minerva nasceu da cabeça de Júpiter, ela nasceu das cabeças dos grandes homens.[57]"

Goethe não se contentará, no estudo desta segunda natureza, em apenas admirar o que se manifesta imediatamente no objeto, ele intentará extrair da multiplicidade das obras (principalmente as da antiguidade) algo que as unifique. Não uma unidade que reduza toda a multiplicidade de obras a uma espécie de categoria, mas algo que possa ser extraído das obras e que fora delas possa

56 "Zweiter Römischer Aufenthalt" (Segunda estadia em Roma), SW, DKV, vol. 15, tomo I, p. 413.
57 Ibid., p. 411.

servir de norte para sua compreensão. Não se visa aqui a mera descrição dos fenômenos artísticos; trata-se de buscar aquilo que os fundamenta e que permite que os vejamos como um todo, algo que se encontre na própria formação destes fenômenos. O poeta lançará mão do seu suposto "dom de poder em pouco tempo combinar e pensar muitas coisas"[58]. Sobre os antigos dirá: "os artistas da antiguidade tinham tanto um grande conhecimento da natureza, quanto um conceito certeiro do que deveria ser representado e de como deveria ser representado, como Homero. (...) essas obras de arte elevadas são como as grandiosas obras da natureza e seguem as mesmas leis. Diante delas toda arbitrariedade, assim como toda obra pretensiosa, perece; aí está a necessidade, aí está Deus."[59]

O poeta parece identificar as obras elevadas dos antigos a um patamar em que, em analogia com a descrição de Homero dos homens em sua *primordialidade*, a estatuária antiga se apresente, no tocante à forma, como uma figuração primordial. As obras dos antigos apresentam aquilo que é necessário no homem, tal qual este fora designado. Se a "vida dos homens é o seu caráter[60]", foram os artistas gregos aqueles que conseguiram dar forma a isto que, em última análise, não é passível de figuração. Homero descreve o caráter de seus homens na ação e os artistas antigos apresentam

58 Ibid., p. 396.
59 Ibid., p. 424.
60 Ibid., p. 440.

isso para o mundo dos sentidos. O "*non plus ultra* de todo nosso saber e fazer"[61], ou seja, a figura humana, será o objeto de estudo. Estudar o caráter dos homens nas figuras antigas será uma espécie de retorno do olhar para o mundo das formas do universo artístico.

Ao mostrar o que é identificado com a própria vida dos homens, as obras antigas apresentam a vida interior, que analogamente à vida natural, não depende de nada que lhe seja externo. É como se todas as forças da natureza convergissem em torno de uma obra. Elas figuram algo, e sua representação é verdadeira por si só, ela independe do que lhe é alheio, pois sua verdade é garantida pela coerência interna de seus desígnios. Daí não ser possível, para Goethe, uma estética da recepção. Cada obra, cada arte, traz consigo a verdade de sua própria manifestação. Dizer que a obra elevada mostra a sua verdade, através daquilo que manifesta sua estrutura interior, não deixa de ser algo que nos remete ao que fora dito acerca de tudo que vive. Goethe, com seu método de abordagem do mundo natural, poderá alçar um voo que vise compreender o interno, o não intuitivo, ou seja, o não manifesto diretamente no fenômeno, tanto no campo das artes quanto das ciências naturais. É do fenômeno que se parte, mas não é naquilo que intuímos que se esgota o fenômeno, haverá sempre algo de inalcançável em ambos os campos.

É pelo olhar educado pela natureza que Goethe ha-

61 Ibid., p. 510.

verá de abordar as artes; partindo da arte Goethe pôde ver melhor a natureza. O avanço não se encerrará aqui, muito menos principia aqui. É diante de obras, tanto da natureza quanto da arte, que podemos acompanhar uma narrativa desse progresso do olhar que se forma com uma grandeza análoga àquela dos objetos observados. Se na primeira estadia em Roma o poeta se viu renascer diante da multiplicidade dos objetos artísticos encontrados, nessa segunda estadia, o autor se diz "reeducado[62]".

No contexto dessa reeducação ele abandona sua intenção de ser artista: "eu percebo com o passar dos dias que realmente nasci para a arte poética, (...) eu devo cultivar este talento para produzir algo de bom. (...) A respeito de minha longa estada em Roma, eu devo transformá-la em uma vantagem, ainda que tenha abandonado as artes figurativas."[63] Esse abandono dos ímpetos artísticos, não significa um abandono das artes. Se o mundo perdeu um pintor, ganhou um homem que intentaria, cada vez mais, observar as artes figurativas e as manifestações do mundo natural. A dedicação ao *fazer* da arte se encerra, mas a dedicação de compreender as artes não fenece. A dignidade do mundo natural não cessará o seu chamado. Goethe se dedicará cada vez mais à tarefa de compreender as manifestações da natureza. Não se lançando ao sublime mundo das formas

62 Ibid., p. 478.
63 Ibid., p. 556.

grandiosas, como fazia anos antes de sua jornada, mas levando em conta os movimentos sutis que manifestam em sua particularidade muito das forças da natureza. As ciências naturais, como ele mesmo atesta, serão como a geometria para Platão. Se o filósofo grego não admitia um ignorante nesta matéria em sua Academia, Goethe diz: "se eu fosse fundar a minha eu não aceitaria ninguém que não tivesse se dedicado séria e ativamente ao estudo da natureza"[64].

É nesta chave de um crescimento mútuo, de força e perseverança, dos estudos das ciências naturais e das artes, que devemos entender o renascimento e a reeducação do olhar. O mesmo pode se dizer de seu classicismo que, muito mais do que ligado em qualquer tipo de nostalgia, funda-se diante da percepção de toda a dignidade e infinitude dos objetos naturais e artísticos. A vida interior das manifestações fenomênicas de ambos será o objeto de estudo de Goethe em seus próximos anos. Esse renascimento não encerra o processo, apenas o inicia; é nos textos sobre as artes e sobre a natureza que ele se fará sentir de maneira clara. "Talvez agora, com meu olho mais treinado, eu possa também detectar melhor a beleza mesmo estando no norte"[65].

64 Ibid., p. 443.
65 Ibid., p. 465.

Parte II

MORFOLOGIA E PENSAMENTO

Ao voltar para a Alemanha, Goethe já havia se tornado um perseguidor das formas cambiantes da natureza. Em solo pátrio seus estudos prosseguem e tomam forma, de acordo com aquilo que se observou na Itália: "De volta à Alemanha e como que expulso de modo irrevogável do esplêndido elemento artístico italiano, entregue ao desespero, senti mais vividamente o valor e a dignidade do elemento natureza."[1] Como observador, o poeta vai principiar a desenvolver seus postulados acerca do mundo natural. Como poeta, Goethe não deixou de pintar em versos o vigor com que tudo se redesenhou quando em terras latinas:

> Oh! Que alegre me sinto eu em Roma!, ao pensar nos tempos / Em que o dia pardo me cercava lá pra trás no Norte, / O céu baço e pesado baixava sobre minha cabeça, / O mundo sem cor e sem forma jazia em torno a mim cansado, / E eu mergulhava na meditação de meu Eu, / Pra descobrir

1 "Procedência do ensaio sobre a metamorfose das plantas", in *Teoria de la Naturaleza*, p. 28.

> as vias sombrias do 'spirito' não-satisfeito! / Agora o brilho do éter mais claro cinge a fronte de luz; / Febo, o deus, faz surgir as formas e as cores.[2]

Esta Sétima Elegia Romana demonstra bem a guinada que Goethe deu em relação aos seus textos de juventude. O que ela indica não é apenas o abandono do mergulho no Eu. Das vias sombrias do espírito, o poeta segue Febo em direção a novas formas e novas cores. É exatamente no que se refere às cores e às formas que Goethe construirá seus trabalhos mais amplos: os escritos de morfologia, ou seja, escritos acerca do estudo dos princípios das mudanças das formas na natureza; e os escritos sobre as cores que culminariam em sua *Doutrina das cores*. O que o poeta parece ter visto em solo clássico não é um mero apanhado de peças de arte, antigas e modernas, e de exemplares naturais, mas um mundo onde ambos se unem de maneira particular. Arte e natureza passam a figurar dois universos paralelos separados em seus produtos, mas que, em sua gênese, preservam diversas analogias e semelhanças.

Um traço da obra científica de Goethe é a busca por uma terminologia adequada. Como poucos, o poeta teve consciência do grande problema existente na relação entre as palavras e aquilo que elas nomeiam. Ele buscou o nome mais adequado para essa ciência peculiar. Morfologia foi o nome escolhido para a sua

2 Sétima Elegia Romana (trad. Paulo Quintela), *Poemas*, p. 119-121.

ciência. Em um fragmento não datado, Goethe diz que a morfologia "baseia-se na convicção de que tudo aquilo que é precisa ser esboçado e indicado." Não nos devemos confundir com a pretensa simplicidade da empresa científica apresentada por Goethe, pois, "desde os primeiros elementos físicos e químicos, até os produtos racionais dos homens, todos obedecem a este válido princípio: nós mesmos mudamos assim como o que possui forma. [...] A forma é um mover, um porvir, um passar. Uma teoria da forma é uma teoria da mudança. A teoria da metamorfose é a chave que tudo abre na natureza."[3] Goethe tentou avançar numa "teoria da figura, da constituição e da formação dos corpos orgânicos"[4]. Amparado por um aparato perceptivo bem treinado, não deixou de notar que tal intenção só poderia vigorar se aliada a um espírito que, em analogia e simultaneidade com o olhar, se encontrasse treinado e desperto.

Ao aliar o olho e o espírito, Goethe teve de estudar e confrontar-se com estudos que revelam toda uma sorte de especulação acerca das capacidades do sujeito enquanto atuante no impulso em direção ao conhecer. Ele também investigou, quase que a contragosto, as capacidades interiores do sujeito na relação com os objetos. Há algum espaço para o estudo destas capacidades no construto de um método morfológico. Isto se deve à

3 "*Morphologie*", *Versuch zu einer Methodik*. DKV, v. 24, p. 349.
4 "*Betrachtung über Morphologie überhaupt*, DKV, v. 24, p. 365.

relação lacunar do observador com seus objetos, pois ao homem não é dado desenvolver todos os pormenores, preencher o contorno da natureza, nem penetrar profundamente na operação das coisas em suas forças originais. O caminho a ser seguido deve obedecer tanto ao rigoroso método descritivo dos fenômenos, quanto a uma investigação que implique em um contíguo aperfeiçoamento do aparato com que os homens recebem as impressões acerca do mundo. Cabe ao homem educar suas faculdades acerca de tais fenômenos com os próprios fenômenos, ou seja, com o próprio agir da natureza; acompanhando seus movimentos e suas formações.

No romance *As afinidades eletivas*, quando se desenvolve a leitura entre amigos de um texto sobre o fenômeno natural que dá nome ao livro, a personagem Charlotte e o seu marido Eduard dialogam sobre o que fora lido, podemos encontrar um diálogo que nos auxilia a entender um pouco melhor a postura usual do homem diante da natureza:

> – Você sem dúvida perdoará meu erro, se eu confessar o que me ocorreu no momento. Ao ouvir a leitura sobre afinidades, logo pensei em meus parentes, em alguns primos, que tanto me preocupam neste momento. Minha atenção retornou a sua leitura, e percebi que ela versava sobre coisas totalmente inanimadas; olhei então para o livro a fim de me orientar.
>
> – Foi uma metáfora que a confundiu – disse Eduard. – Aqui certamente só se trata de terras e minerais, mas o ser huma-

no é um verdadeiro Narciso; gosta de se ver refletido em toda parte e coloca-se acima do mundo inteiro.[5]

5 *As afinidades eletivas*, Cap. 4.

3

O triunfo do singular: *A metamorfose das plantas*

No ano de 1790, dois anos após retornar da Itália, Goethe publica o seu ensaio *A metamorfose das plantas*. Este ensaio, embora publicado com muitas características que denunciam sua forma inacabada, pode ser considerado o primeiro fruto mais elaborado da aplicação ao mundo das ciências naturais do "olho treinado" em solo italiano. "Nenhum outro trabalho de Goethe acerca das ciências naturais se aproxima deste tratado em termos de unidade interior e estofo", segundo Adolf Portmann[1]. *A metamorfose das plantas* é ao mesmo tempo fruto e móbile de uma série de pressupostos do trabalho de Goethe em ciências naturais. Se antes de ir para a Itália Goethe ainda se debatia com uma "teoria de criação do mundo"[2], agora o caminho é mais simples. Simples não por redução dos interesses,

1 "Goethe and the concept of metamorphosis", in *Goethe and the sciences: a reappraisal*, p.133.
2 *Viagem à Itália*, p. 20.

mas pelo movimento em direção às existências mais singelas e a sua posição diante dos grandes movimentos da natureza e do mundo.

Ele passa a eliminar tudo aquilo que "poderia desviar-nos do caminho simples que temos de seguir"[3] de maneira intencional e calculada. O poeta ressalta na introdução do trabalho a necessidade de "manter um passo tão moderado[4]", o que não significa um passo simplificado. Não se trata de uma acomodação a um círculo mais restrito, mas da percepção da multiplicidade do caso singular, da intensidade do caso singular. O problema do autor será entender o significado dessas ações mais simples da natureza como ligadas a seu todo. O fenômeno será abordado num sentido determinado, mas diante dele surgirão possibilidades que não nos restringiriam a uma parte isolada. Entender, por exemplo, que há uma interconexão das partes da planta não é um dado que se nos apresenta diretamente na observação dos entes vegetais, isso, porém, constitui a base que suporta todo o construto da metamorfose vegetal, mesmo que não seja um dado imediato na intuição. Com base neste conceito Goethe parece indicar a auto-organização e a complexa maneira de interagir das partes de um ser vivo. Enfatiza-se o desenvolvimento individual. O autor desse ensaio busca a dinâmica, as similaridades não reveladas, as diferenças em seu objeto, tudo de modo a

3 *A metamorfose das plantas*, página 36.
4 Ibid.

mediar estes aspectos sem que se afaste de seu particular efetivo, ou seja, a planta.

Se em Palermo Goethe disse que na folha reside o Protheus que se esconde e se revela em todas as formas do reino vegetal – não por coincidência, ao mesmo tempo que descrevia em carta à Herder algo de sua *planta primordial* –, aqui ele irá se debruçar mais detidamente sobre esta intuição. Se já na Sicília ele havia notado que a folha deveria ultrapassar aquilo que podemos chamar de a trivial folha, no sentido de sua potencialidade enquanto forma geradora de outras formas, agora ele terá de dar um passo a mais e mostrar como isso opera nas plantas mesmas. O trajeto não será o da confecção de um sistema que organize e analise as etapas do desenvolvimento das plantas, mas o de uma observação e descrição atentas de seu devir e mutabilidade.

Tomaremos por base, neste momento, a primeira edição de *A metamorfose das plantas*: o texto solitário, sem a enorme quantidade de anexos a ele acrescentados por Goethe no decorrer de sua vida. Pois o próprio ensaio, que na verdade se chamava à época *Ensaio para esclarecer a metamorfose das plantas*, não deixou de se metamorfosear com o tempo, ainda que tenha mantido nas quatro décadas subsequentes, ainda, "os sinais visíveis de sua origem"[5]. Os outros textos anexados a ele têm a característica de terem sido gerados pelo debate e reflexões mais gerais em torno desta edição primeva,

5 Ibid., p. 35.

"escrita como um desafogar do coração"[6]. Sua forma apressada e seminal nos permite entender o processo que culminaria na morfologia de Goethe, não mais em seu nascimento, mas em seus primeiros frutos.

Se em volumes como *Notizen aus Italien*[7] – estabelecido a partir daquilo que se encontrou de cadernos de notas e desenhos de sua jornada – temos uma visão clara de quão rigoroso foi Goethe em sua observação, é no decorrer do ensaio que essas observações vão apresentar o que chamaremos de projeto morfológico do poeta. Essa busca ocorrida em solo clássico, ou seja, o movimento de observar, buscar descobrir, comparar e encontrar leis que governam a formação das plantas, dá agora lugar a uma segunda busca, a saber, a de descrever o mais precisamente possível o desenvolvimento da planta[8].

Busca-se aquilo que o observador comum pode ver: "quem quer que observe, mesmo moderadamente, o crescimento das plantas, há de observar que algumas de suas partes exteriores se transformam e assumem,

6 *Diarios e anales*, v. I, 1790, p. 21.

7 Presente no volume 24 das Obras completas de Goethe editadas por *Deutscher Klassiker Verlag* (72-89), este opúsculo não publicado mostra o rigor com que ele observou as plantas no solo italiano. Inclusive, nele podemos ver alguns desenhos que mostram como Goethe se preocupava com as fases transitórias das partes da planta.

8 Este não é um passo corriqueiro, as questões surgidas acerca do desenvolvimento dos seres vivos são de suma importância para quem quer que seja que intente compreender o mundo das formas vivas. A título de ilustração, vejamos o que diz o biólogo evolucionista John Maynard Smith: "entender como se desenvolvem as estruturas [de um ser vivo] é um dos maiores problemas da biologia." *Los problemas de la biologia*, p. 153.

quer mais, quer menos, a forma das partes vizinhas."[9] As partes, segue ele, mostram sua "origem", e, por mais longínqua que esta origem pareça ser, existem formações nas quais, em menor ou maior grau, ela permanece visível. Com base no conceito de metamorfose das plantas e suas leis deduzidas na intuição, ou seja, "o processo pelo qual um e mesmo órgão se nos manifesta diversamente alterado"[10], ele pôde entrever um trajeto e um método que não apontaria para a forma viva como algo acabado e encerrado.

O modo de ver o objeto a ser estudado não pode ser determinado de modo alheio a ele. O organismo não pode ser visto como simples união constante de partes. Ele não é também um conglomerado multiforme de partes autônomas, pois em cada parte podemos ver, em algum grau, a forma do todo. O intuito é de observar o todo particularizado, ou este particular que é um todo, em seu processo de metamorfose que "sempre gradualmente atuante, e através da transformação de uma forma na outra, como por uma escala espiritual, se eleva até àquele zênite da natureza que é a reprodução pelos dois sexos"[11].

Esta passagem, além de apresentar já nas primeiras linhas do texto a efetivação da metamorfose, nos permite observar um traço que nos remete ao Aqueduto do Spoletto. Notamos, pela maneira de descrever os seus

9 *A metamorfose das plantas* (doravante MP), p. 35.
10 Ibid.
11 Ibid.

objetos, a atuação do olho treinado diante das formas. É o desígnio da planta, o seu zênite, o seu ponto culminante, que fará mover as partes e garantir a sua "vida interior". Se avançarmos no texto, veremos: "Poderemos chamar de *regressiva* a metamorfose *irregular*, porque, enquanto naquele caso [o da metamorfose regular] a natureza acorre para diante, em direção ao grande fim, aqui retrocede em alguns graus."[12] Isso faz com que a planta não siga e se prepare "para os trabalhos do amor", a criatura se aproxima então de um "estado indeciso e fraco, aos nossos olhos muitas vezes agradável, mas internamente sem vigor e inativo[13]".

A analogia não poderia ser mais clara. Se ao aqueduto a vida interior era garantida por seu propósito, na natureza, de maneira similar à arte, a vida interna se perde quando o desígnio é afastado; na Itália o poeta entendia como lhe foram detestáveis obras que se afiguravam "um nada a serviço de coisa alguma, um confeito ornamental [... que] se ergue natimorto, pois o que não possui uma verdadeira existência interior não possui vida, tampouco podendo ser ou tornar-se grandioso"[14], nessa passagem sobre a metamorfose irregular ou regressiva, mesmo que o autor não possa dizer que não há vida em um ente orgânico, ele mostra que este processo afasta a planta de seu intento e nisso perdemos características cruciais à própria vida: atividade e vigor.

12 Ibid., p. 36
13 Ibid.
14 Viagem... p. 142.

Daqui para diante Goethe irá voltar sua "atenção para a planta mesmo"[15], ou seja, irá acompanhar os passos dados pela metamorfose de maneira moderada, o que não carrega em si uma pretensão de abarcar cada etapa do desenvolvimento em suas múltiplas possibilidades, muito menos podemos sentir uma busca pelo esgotamento das possibilidades estabelecidas pelo objeto a ser estudado. O que veremos é a descrição destas mudanças, sem avançar num caminho duvidoso que busque entender totalmente as forças que se manifestam através da mutabilidade existente nas formas que se apresentam de maneiras tão distintas ao nosso olhar. A independência que se manifesta na variabilidade dos efetivos do mundo natural será o alvo do olhar de Goethe.

Assim como ele, tomaremos agora a mesma via, pois, se é *A metamorfose das plantas* o que vamos estudar, passemos ao texto. O primeiro capítulo não deixa de fazer uma redução, ou ainda, uma moderação dos passos a serem seguidos, pois ele diz que não irá examinar a raiz e o que se desenvolve debaixo da terra. Lança seu olhar aos primeiros órgãos desenvolvidos na parte superior: os cotilédones[16]. Essas estruturas quando "têm frequentemente um aspecto informe, como que

15 MP., p.36.

16 Cotilédones: estruturas integrantes da semente, nas plantas superiores, com aspecto de uma folha côncava, em número de uma ou duas. [...] Os cotilédones são ricos em substâncias nutritivas de reserva, que se destinam a abastecer o embrião. Verbete "Cotilédone" de *Dicionário etimológico e circunstanciado de biologia*; José Luís Soares.

cheios de uma matéria rudimentar", não revelam a sua origem, porém em outros casos eles "aproximam-se da forma das folhas", e em outros sua "semelhança com as folhas subsequentes não nos permite tomá-los por órgãos especiais, reconhecemo-lo antes como as primeiras folhas do caule."[17] Esta generalização do caso particular e a noção de afinidade dos casos específicos, ou ainda de uma parte dos casos, nos remete, ainda que de maneira obscura, à noção de *planta primordial*. Se mesmo os casos mais particulares podem servir para revelar o que os casos corriqueiros ocultam, isso nos mostra que há como pano de fundo uma ideia reguladora, alguma noção unificadora que permita "reconhecer nela o restante do mundo vegetal."[18]

No capítulo seguinte, sobre o desenvolvimento sucessivo das folhas, há uma vantagem: "as ações progressivas da Natureza passam-se todas à frente dos nossos olhos".[19] Apesar da folha ser algo que se transforma no decorrer da planta, podemos notar, neste capítulo que acompanha as mudanças da própria folha e seus aperfeiçoamentos, que há também um caminho que aponta, em cada manifestação particular deste Protheus, para a folha comum que todos observamos. O fato de Goethe em diversas passagens de textos anteriores à *Metamorfose das plantas* dizer que tudo na planta nada mais é do que folha – como na seguinte

17 MP, p. 37.
18 *Viagem...*, p. 264.
19 MP, p. 38.

passagem: "[t]udo é folha, e por meio desta simplicidade a maior variedade se torna possível"[20] – pode nos confundir e nos levar a crer que a folha seja fruto de uma composição.

A escolha pelo termo folha como um órgão geral confunde muitos que se debruçam sobre este ensaio, ele não deve ser entendido nem como uma derivação arquetípica ou esquematizada da folha empírica, mas como algo que, dada a sua generalidade, tenha em si e em outros órgãos sua manifestação particularizada. Os diversos órgãos da planta são identificados com a folha por uma questão de afinidade. Ela, a folha, é condição de possibilidade para o crescimento da planta, ela é uma forma geradora de formas. Afastada do empírico, como nos aponta Ronald H. Brady, esta folha-Protheus pensada por Goethe

> não é uma simplificação dos membros foliares. Todas as formas empíricas são, para ele, igualmente particularizadas, e o seu órgão geral pode ser geral por requerer tal particularidade. Sua *folha* preenche tal requisito por não ter nenhuma forma. Dizer que estes órgãos são sempre o mesmo órgão significa apenas que eles podem ocupar a mesma posição nodal e que as formas transitórias devem ser encontradas entre eles.[21]

20 *Notizen aus Italien*, Werke, DKV, vol. 24, p. 84.
21 "Form and cause in Goethe's morphology" in *Goethe and the sciences: a reappraisal*, p. 272.

O que permite pensar assim é a própria posição de Goethe, a saber, a de que havia a necessidade "de ter uma palavra geral pela qual designássemos um órgão metamorfoseado em formas tão diversas e com o qual pudéssemos comparar todas as manifestações de sua forma"[22], ou ainda, "assim como procuramos explicar os órgãos aparentemente diferentes de uma planta que produz rebentos e que floresce, a partir de um único, a saber a folha, que se desenvolve em cada nó, também ousamos deduzir da forma da folha os frutos, que costumam encerrar firmemente as sementes"[23]. Podemos fazer o caminho inverso "podemos dizer de uma folha caulinear [a folha empírica mais perfeitamente formada] que é uma sépala[24] expandida por influência de seivas mais brutas"[25].

Essa opção pelo termo "folha" alimentou alguns equívocos, pois como em momento algum do ensaio Goethe cita nominalmente a tão celebrada *Urpflanze*, alguns optaram por acreditar que ela fora aqui substituída por esta origem generativa. "Se é possível [...]que as plantas deem um passo para trás e que invertam a ordem do crescimento, tanto mais atenção havemos de ter ao caminho regular da natureza, e, assim, che-

22 MP, p. 58.
23 Ibid.
24 Sépala: cada uma das peças que compõem o cálice da flor. Geralmente tem a cor verde e guarda muito o aspecto da folha. *Dicionário etimológico e circunstanciado de biologia*; José Luís Soares.
25 MP, p. 58.

gamos a conhecer as leis da metamorfose, pelas quais ela produz uma parte através da outra e apresenta as partes mais diferentes pela modificação de um único órgão."[26] Este órgão, ou seja, a folha, não é um análogo da planta primordial. A planta primordial era fruto de uma composição, no caso da folha o processo é inverso, retira-se aquilo que caracteriza suas manifestações individuais em um processo de decomposição.

Goethe nos adverte que as transformações podem ser consideradas em duas direções: o que é primitivo, com uma mudança de direção, pode ser considerado derivado e vice-versa. Não se trata, no caso da noção de folha, de uma homologia, ou seja, uma qualidade ou propriedade que identifica órgãos pares ou estruturas divididas em duas partes semelhantes. Mas de uma afinidade entre partes sujeitas à decomposição. É claro que este problemático conceito, o de folha, pensado através da afinidade entre as partes da planta, de clara origem ideal, pode confundir. Se ele não é esquemático, ele não deixa de ser algo que antecede as manifestações particulares, ou ainda, um termo generalizado para partes afins.

O intento de reunir manifestações diversas sob um mesmo nome não é novo:

> A maior parte daqueles órgãos formados de maneiras di-

26 Ibid., p. 35.

> ferentes, que Lineu designou sob o nome de nectários[27], pode agrupar-se sob este conceito; e também aqui temos oportunidade para admirar a grande perspicácia deste homem extraordinário, que, sem se aperceber de um modo completamente claro da função destas partes, se fiou num pressentimento e se atreveu a unificar com um nome órgãos de aparência tão diversa.[28]

A *Folha* não é um aglomerado ideal de formas intuídas, mas quase o inverso: uma forma esvaziada de forma, uma coisa essencial que exige sua particularização e seu desígnio. Se a *Urpflanze* era uma forma que poderia gerar formas *ad infinitum*, a folha, que mesmo isenta de forma é geradora de formas, não poderia fazer o mesmo, dado que ela responde a padrões rítmicos que se manifestam na planta mesma. Ela não é construída por uma dedução acerca das partes, retirando-se delas toda a sua efetividade, mas sim a partir de manifestações que decompõem as aparições particulares. Ela é muito mais uma construção que se dá na intuição do universal particularizado no efetivo da planta mesma.

Ela deve ser percebida enquanto aplicada ao caso particular, ela não cria órgãos não existentes através de uma coerência interna, mas decompõe a partir de órgãos particulares, o que é característico, o que antecede a toda

27 Nectário: Órgão com função secretora nas plantas, situado preferencialmente nas flores, responsável pela produção do néctar. *Dicionário etimológico e circunstanciado de biologia*; José Luís Soares.
28 MP, p.44. É este o método que Goethe vai radicalizar com sua folha.

variação. Não se trata de uma ideia enquanto forma, mas de condição de possibilidade, ou melhor, de um Protheus que se expressa em cada etapa do desenvolver da planta. Não é uma ideia que se preste ao preenchimento empírico. Não se trataria de tentar fundamentar, como nos aponta Maria Filomena Molder, "questões relativas à identidade posicional e organizacional da planta, mas à descoberta de que uma só posição nodal pode dar origem a diferentes espécies de formas, o que sugere que estas formas partilhem de uma identidade subjacente"[29].

O que podemos concluir por ora é que ao menos o método constitutivo da *Urpflanze* e o da *folha* são diferentes. Se a primeira pode ser pensada como um a união de realidades empíricas diversas e é gerada no interior das operações do espirito, a segunda deve ser pensada como condição de possibilidade do crescimento da planta, enquanto forma generativa, que se apresenta somente na metamorfose e no desenvolvimento das partes efetivas dos vegetais. A *Urpflanze*, por sua vez, permite que se detecte a relação existente entre os entes vegetais, é ela que contém toda a efetividade do mundo vegetal, apresentando-nos uma possibilidade de reconhecer o universal no particular.

A semelhança, segundo Ferdinand Weinhadl, "da *folha* com a *Urpflanze* pode ser tomada como simbólica;

29 MOLDER, Maria Filomena; *O pensamento morfológico de Goethe*, p. 212, nota 124.

a palavra folha é apenas um substituto para a palavra geral, que necessitamos, mas não possuímos, em torno da qual poderíamos designar todas as partes metamorfoseadas da planta por meio de sua forma primária."[30] Portanto, um excessivo valor foi dado a este termo que, embora tenha uma carga heurística bastante interessante, não pode ser considerado como o único ponto de reflexão metodologicamente goethiano do texto, ele não consiste em um arquétipo, muito menos em uma forma que possa ser efetivada apenas no entendimento. Essa *folha* é efetividade no ritmo das transformações do mundo vegetal. O que importa é observar como esta parte, ou este órgão, se metamorfoseia, como atua enquanto efetividade em relação aos seus desígnios.

Podemos, sem grande dificuldade, resumir os movimentos gerais de *A metamorfose das plantas* em poucas linhas. Goethe não deixou de fazer isso:

> desde a semente até ao mais perfeito desenvolvimento das folhas caulineares, observamos em primeiro lugar uma expansão; em seguida, vimos através de uma contração surgir o cálice; as pétalas; através de uma expansão; as partes sexuais [os estames e os pistilos], através da contração; e em breve nos aperceberemos da maior expansão no fruto e da maior contração na semente. Nestes seis passos conclui a natureza a eterna obra da reprodução bissexuada dos vegetais"[31].

30 WEINHANDL, Ferdinand, *Die Metaphysik Goethes*, p. 48
31 MP, p. 48.

Estes seis passos não poderiam ser dados sem duas forças rítmicas: expansão e contração. Não nos confundamos, não se trata de forças que manifestam leis interiores da formação da planta. Essas forças rítmicas se manifestam diante dos nossos olhos, e são percebidas no contato direto com o organismo a ser observado. Pois o método não carrega a "presunção de querer descobrir os primeiros móbiles das ações da natureza"[32]. Mas alguns conceitos, ou ainda formas de manifestação das forças da natureza, mais precisamente os de expansão e de contração, devem ser compreendidos: "tornar-nos-emos cada vez mais atentos a esta ação alternada da contração e expansão, pela qual a natureza chega a seu alvo.[33]"

Na primeira indicação de sua ação, a expansão não é anunciada nominalmente, mas nos primeiros passos do desenvolvimento das plantas coníferas: "Vemos já, por assim dizer, insinuada, na primeira infância destas plantas, aquela força da natureza através da qual, na sua idade avançada, a inflorescência e a frutificação deverão efetuar-se"[34]. Essa passagem é importante, não só por anunciar um dos conceitos fundamentais do ensaio, mas também por mostrar que é na manifestação efetiva que reside toda a importância de tais conceitos. Vale mais uma vez ressaltar que, para Goethe, tudo parece

32 Ibid., p. 51.
33 Ibid., p. 44.
34 Ibid., p. 41.

ser anunciado apenas na natureza vista, não temos aqui uma visão de natureza sistemática e que se apresente regularmente. Não são meras palavras vazias – das quais Goethe sempre se declarou inimigo –, esses conceitos são deduzidos no contato com o observado.

Continuando, Goethe dirá: "já observamos que das folhas seminais para cima se dá uma grande expansão [...]; observamos agora que a corola é produzida novamente através de uma expansão."[35] Vemos aqui como as forças são sempre descritas em sua efetividade, não em seus movimentos interiores. O mesmo ocorrerá com a contração. "Vemos dar-se de modo mais rápido ou mais lento a transição para a inflorescência. No último caso, observamos habitualmente que as folhas caulineares começam a se contrair da periferia para o centro"[36], ou ainda,

> vemos esta força da natureza que reúne várias folhas em torno de um eixo efetuar uma ligação ainda mais estreita e até mesmo tornar irreconhecíveis estas folhas [...]. podemos pela visão direta instruir-nos[...], por exemplo, que um cálice de calêndula, que na sua descrição sistemática é exposto como simples e multidividido, consiste de várias folhas soldadas e sobrepostas, nas quais, como já foi dito acima, as folhas caulineares contraídas como que se insinuam[37].

35 Ibid., p. 42.
36 Ibid., p. 40.
37 Ibid., p. 41.

Como podemos notar, não há a intenção de descrever tais forças em sua transcendência, mas em sua efetividade, em sua atividade. Essas duas forças rítmicas, segundo Maria Filomena, inscrevem-se "numa metodologia estritamente descritiva, procurando fazer sobressair as energias estruturantes, as formas e os ritmos, que dão origem a configurações concretas, as mantêm e transformam."[38] Não seria correto dizer que todo o trajeto de *A metamorfose das plantas* se resume num quadro onde as forças de contração e expansão transformam um único órgão, a folha, nas diversas partes da planta. O método empreendido oscila entre a face empírea, como aquela que nos permite o ato de observar, e a face que, diante da afinidade entre as partes e afinidade entre os entes individuais, chamaremos, ainda que de maneira fraca, de especulativa, onde, de algum modo, se vai além do mero dado por uma via analógica.

Os casos particulares de tais forças-conceito devem permitir as múltiplas variações da folha. São elas que permitem o processo de variação que ocorre na "escala espiritual" da metamorfose das plantas. Elas são observadas nos processos de sua efetivação. São tais forças que solidificam a alteração de um órgão formativo quase inominável. Mas não é nelas que se afixam as leis todas que regem a metamorfose. Mesmo que tais conceitos devam ser utilizados "como fórmulas

38 MOLDER, Maria Filomena; *O pensamento morfológico de Goethe*, p. 210.

algébricas"[39], eles têm de ser considerados no seu aspecto rítmico, a atenção tem de se voltar "a essa ação alternada[40]" de tais forças na dinâmica das transições dos vegetais. Como diz Cassirer: "O grande poeta não aborda o problema de um modo geométrico ou estático, mas em termos absolutamente dinâmicos. Sem renunciar, muito menos, ao constante, não reconhece como mais favorável o constante que aquilo que se manifesta por meio do devir e em relação a este."[41]

O regular, o irregular, o devir e o transitório têm o mesmo valor que a forma afixada por estas forças da natureza. As etapas da planta, em seu devir, mostram este mesmo órgão, em manifestações das mais diversas e ao mesmo tempo, em toda manifestação singular, como um todo fechado. Mesmo se pensarmos na constante alternação de tais forças, é no transitório que vamos manter a observação.

Hegel generalizou e reforçou um ponto de vista comum, porém problemático, acerca de tais forças: "As partes existem como em si iguais e Goethe apreende a diferença como um *expandir* e *contrair*."[42] Como vimos não se trata de unificar as partes da planta como iguais ou como manifestações da folha que em contato com essas forças rítmicas se apresenta alterada.

39 MP, p. 53.
40 Ibid., p. 44.
41 CASSIRER, E.; *El problema del conocimiento*, v. 4, p. 173.
42 *Enciclopédia das ciências naturais*,v II, "Filosofia das ciências naturais", p. 404.

Acompanhemos Maria Filomena Molder:

> a plenitude de efeitos, de ações, que duas forças, ou melhor dois ritmos expressivos do processo de crescimento metamorfósico, são capazes de produzir, é desproporcional à palavra que possamos arranjar para descrever (...). As modulações destes ritmos excedem sempre a nossa capacidade discursiva, porque são dotadas de capacidade viva de inovar em cada momento da sua manifestação(...).[43]

O esforço em reduzir a multiplicidade das manifestações não pode ser tomado de maneira radical. Essas forças, em analogia com as fórmulas algébricas, transformam em palavras aquele ritmo observável no crescimento das plantas. As manifestações das próprias coisas não são modos de determinação das partes, muito menos podem substituir a visão de cada parte, são apenas organizações do ritmo que avança a cada etapa. O ritmo é de suma importância no todo do ensaio, ele nos mostra a necessidade de dar nome a algo que a natureza exterioriza de modo variado. A necessidade de nominar tais impulsos ocultos na efetivação não pode nos levar a dizer que tais forças podem ultrapassar sua manifestação formal. Isso não significa esvaziá-las, mas tratar da condição de possibilidade das variações do mundo dos entes orgânicos na eterna "presença do vir a ser, a eterna validade e independência por detrás da va-

43 MOLDER, Maria Filomena; *O pensamento morfológico de Goethe*, p. 223.

riabilidade das mutações"[44], como nos indica Rintenlen.

Existe um caso bastante ilustrativo: no momento em que Goethe trata de um órgão intermediário, o nectário, em uma manifestação particular, a saber, a das corolas secundárias. Segundo ele, "parecem merecer o nome de nectários (...) porque, se a formação das pétalas se dá através de uma expansão, em contrapartida as corolas secundárias são formadas através de uma contração, por consequência, da mesma maneira que os estames[45]"– é a posição de tal formação em relação à alternância das forças rítmicas que permite uma nomenclatura; o modo de agir dos ritmos permite que se designem as partes por sua posição num construto alternado.

Porém, é no aparecer mais perfeito de cada etapa posterior – por trazer em cada etapa maior proximidade com a *prescrição da natureza* e também devido ao processo de aprimoramento interno que é proveniente do contínuo refinar das seivas (que se encontravam de maneira a parecer nos cotilédones como "uma matéria rudimentar"[46], e nos órgãos preparados para o sexo, até depois deles, na etapa da frutificação, como "extremante depuradas"[47]) – que observamos que cada órgão, da maneira como se moldou devido àquilo que elabora e assimila, se coloca cada vez mais próximo do intento último da planta. As partes internas, nunca isoladas do

44 RINTELEN, Fritz-Joachin Von; *Goethe, espírito e vida*, p. 50.
45 MP, p. 45.
46 Ibid., p. 37.
47 Ibid., p. 57.

que nos aparece no exterior, ditam certo ritmo ao todo da planta.

A seiva, num contínuo filtrar dos vasos, volta ao caule mais depurada a cada etapa e a encontraremos cada vez mais fina e mais sutil, até que atinja um grau máximo de purificação, onde ela apareceria "branca e incolor[48]", nos órgãos que se desenvolvem para o cumprimento do *zênite da natureza*. "Um nó superior, nascendo do precedente e recebendo as seivas diretamente através dele, deve obtê-las mais finas e depuradas, beneficiando-se igualmente da operação das folhas, entretanto ocorrida, desenvolvendo-se a si próprio com maior depuração e passando às suas folhas e gomos as seivas mais finas"[49]. Isso se desenvolve no interior dos vasos das plantas e graças à sua disposição.

A "escala espiritual", que não é medida fora daquilo que mostra a sua efetivação, segue o seu rumo, com íntima ligação com as forças rítmicas da natureza em ação no crescimento das plantas, mas também com irrecusável imposição daquilo que acontece no interior das plantas. Esse tipo de ordenação desvinculado de qualquer estatismo reforça ainda mais que tal ordenação exige um grande conhecimento empírico do objeto observado em suas etapas e partes. Não é dada a possibilidade de uma unidade ou padrão de medida exterior à efetivação nos objetos mesmos. Neste processo a *folha* vai se ache-

48 Ibid., p. 43.
49 Ibid., p. 40.

gando cada vez mais ao desígnio último da planta, sua projeção exterior e sua forma se vão adequando cada vez mais a suas funções determinadas, daí o uso, em mais de uma passagem, da palavra "irresistivelmente"[50].

As condições desse modo de ver as mudanças das partes nodais já nos aparecem descritas nas primeiras linhas do texto, pois não há estaticidade nestas formas que se "transformam e assumem, quer mais ou menos, quer totalmente, a forma das partes vizinhas[51]". A interconexão, uma espécie de "economia" da natureza, não se manifesta diretamente ao nosso olhar. Para Goethe, no mundo das formas que daí se origina, cada parte constituinte, considerada como ser organizado em alto grau, é ao mesmo tempo causa e efeito de mudanças que se manifestam no decorrer das etapas do crescimento de um vegetal.

Esta interconexão orgânica pode ser considerada uma base pela qual se apoiaria a teoria da metamorfose. O desenvolvimento gradual das partes da planta, um jogo entre a criação livre da natureza e o desenvolvimento regular das partes, depende de um conceito-chave: a afinidade. Ela é um conceito fundamental para a morfologia de Goethe. A afinidade nos apresenta uma concordância que se apresenta ao olhar, essa concordância sensível nos indica uma organização interna geral que se apresentaria a nós como uma regularidade

50 *Die Metamorphose der Pflanzen*, III, "Ubergang zum Blütenstande", 29. (DKV, 24, p. 118)
51 MP, p. 35.

de formas. É essa característica que permite que o observado seja posto e organizado por modelos na intuição, mesmo naquilo que pode não ser encontrado empírica e imediatamente no objeto.

A afinidade entre as partes é um dos pontos cruciais do ensaio: "se a afinidade de todas as restantes partes entre si fosse tão evidente, observada de modo tão generalizado e tão indubitável, como esta [das pétalas e dos estames], poder-se-ia considerar a presente exposição como supérflua.[52]" A afinidade considerada como ligada às mudanças internas e externas estabelece um tipo de limite no desenvolvimento das formas produzidas por aqueles dois impulsos rítmicos. Mas existem passagens em que Goethe parece estabelecer uma espécie de manifestação fenomênica da afinidade entre as partes da planta. Por exemplo: "A afinidade da corola com as folhas caulineares aparece-nos igualmente de mais de uma maneira: pois que aparecem em várias plantas folhas caulineares mais ou menos coloridas, muito antes de elas se aproximarem da inflorescência; outras, na proximidade da inflorescência, coloram-se completamente."[53]

Se não podemos pensar em uma genealogia dos órgãos da planta, podemos pensar em um enlaçamento das formas que podem parecer como muito distantes umas das outras, ou seja, dotadas de uma "afinidade se-

52 MP, p. 35 e 43.
53 Ibid., p. 43.

creta", ou muito próximas, dotadas de uma "afinidade evidente[54]". Embora possamos considerar a afinidade como uma figura interpretativa, é ela que garante certa unidade no mundo vegetal. Além de revelar a expressividade da relação entre unidade e multiplicidade no reino das plantas, a afinidade consiste, em parte por isso, e em parte por ser algo que liga a parte fenomênica da planta a leis ocultas, em uma espécie de condição efetiva unificadora da própria variação.

Não se trata apenas de um parentesco entre formas, muito menos de uma semelhança externa, mas de algo como que ligado à função, ao desígnio. Não podemos apenas investigar as plantas no seu elemento visual e plástico. Embora haja em todo o ensaio uma preocupação em acompanhar visualmente o crescimento das plantas, há sempre de considerar algo que não se nos apresenta diretamente na intuição. Não se trata de um padrão exteriormente visível, mas da afinidade que muitas vezes se evidencia no próprio fenômeno, podendo ser intuída apenas diante de casos excepcionais. Como cada forma pode ser pensada como manifestação particular da afinidade existente entre as partes da planta e, num aspecto mais geral, entre as plantas, não podemos pensar na metamorfose como sucessão de formações instantâneas que sempre se superam em nome de outras.

A afinidade supera a associação indireta das aparên-

54 Ibid., p. 35.

cias, é ela que permite criar a experiência no âmbito do devir de modo a que alguma regularidade seja encontrada. Como neste ensaio Goethe se debruça sobre o que é transitório, se ele atenta para as etapas em que a forma desprovida de forma, "a folha", pode ser considerada como que gerando formas, enquanto ponto prolífero, exibindo tanto sua afinidade estrutural quanto seu o seu princípio geracional. Goethe buscou "estabelecer o conceito fundamental de afinidade interna entre as diversas configurações do crescimento da planta, os seus diversos órgãos"[55]. Por mais que não haja dúvida acerca da importância de tal conceito, poucos notaram que nele reside um dos aspectos fundamentais do início do projeto morfológico de Goethe. Trata-se de tentar dar conta das transições de uma forma para outra e do que permite que se entenda o ritmo e as mudanças de uma única forma generativa. A circunscrição se dá dentro de limitações que nem sempre são visíveis. A afinidade alia o fenômeno visto com um assumir e dignificar sua faceta interna.

Esse termo problemático, que permite todo o construto da metamorfose, não pode ser considerado como simetria entre as partes, muito menos como regularidade. A afinidade permite um movimento entre o geral e o caso particular. Ela endossa o fato de um caso excepcional servir para ilustrar o que os casos ordinários

55 MOLDER, M. F.; *O pensamento morfológico de Goethe*, p. 197, p. 226

ocultam. A afinidade se apresenta como norte, manifesta fenomenalmente em alguns casos e permite a busca pelo fenômeno adequado. É claro que a importância irresoluta do caso observável independe, de certo modo, da afinidade, mas é ela que permite a organização entre os entes observáveis sem a necessidade de um conceito unificador. Aliada ao desígnio, a afinidade permite que o caso isolado demonstre aquilo que não pode ser visto nos casos mais usuais. De maneira análoga à folha, que permite entender a sucessão de formas no binômio parte e todo, a afinidade permite entender a sucessão de casos no binômio geral e individual.

Goethe não é um realista, as plantas não são para ele diferentes daquilo que pensamos sobre elas; segundo Cassirer, para ele

> as 'ações' e a 'teoria' não são dois polos opostos, mas simplesmente duas expressões e dois aspectos de uma só relação indissolúvel. [...] Parece falar aqui um rigoroso empirista, que se contenta com a mera descrição dos fenômenos, sem entrar na indagação de seus 'fundamentos', mas por outro lado, Goethe não admite nenhuma experiência que repouse exclusivamente sobre si mesma e que possa ser compreendida como algo desligado e solto.[56]

Embora haja em todo o ensaio uma preocupação em acompanhar visualmente o crescimento das plantas, há sempre de considerar algo que não se nos apresenta

56 CASSIRER, Ernst, *El problema del conocimiento*, v. 4, p. 180.

diretamente. Não há na obra algo que divida o fenômeno da teoria, eles são manifestações de uma mesma coisa. O importante é notar que mesmo que a intenção de Goethe seja acompanhar o crescimento das plantas como vemos, não poderíamos ligá-la ao simples senso comum. A argumentação, quando necessário, lançará mão de casos particulares para validar o que não encontramos nas manifestações usuais. Reforça-se o tempo todo o fato de que, embora trate de matérias observáveis, o ensaio não aborda o senso comum. Há uma série de pressupostos intuitivos inominados para se pensar as partes e o todo. O trabalho de Goethe, como cientista natural descritivo, embasado pelas noções de desígnio e de afinidade, será o de encontrar o fenômeno adequado.

O papel do naturalista seria o de encontrar o fenômeno adequado, ou como diz Cassirer, *o fenômeno eloquente*, que tem a sua efetividade, enquanto passo heurístico, ligada diretamente à noção de afinidade. Não faltam casos onde Goethe nos mostre um caso específico como aquilo que demonstra algo que é universal. Por exemplo, quando Goethe quer demonstrar a afinidade existente entre o fruto e a folha ele nos mostra um caso em que tal afinidade salta aos "nossos próprios olhos, quando tais cápsulas compostas brotam umas das outras após a maturação, pois [...] cada parte aparece como um folhelho aberto ou vagem."[57] Ou ainda, para mostrar a afinidade dos cotilédones com as folhas,

57 MP, p. 49.

que em muitos casos não se apresenta aos sentidos, "em muitas plantas [...] eles se aproximam da forma das folhas; tornam-se mais chatos, adotam, quando expostos à luz e ao ar, a cor verde num grau elevado; os vasos neles contidos tornam-se mais reconhecíveis, mais semelhantes às nervuras das folhas"[58].

Mesmo que exista uma tendência a se pensar que haja uma sorte de conceptualização afastada daquilo que a simples observação nos mostra, o conceito de afinidade vai se apresentando como possibilidade de pensar o geral e o individual de maneira afim. Assim sendo, se a metamorfose regular, objeto privilegiado de todo o texto, não nos mostrar algo que intuímos internamente em um determinado fenômeno, apelamos para a irregular, dado que, "através de experiências que tivemos a oportunidade de realizar nesta metamorfose, poderemos descobrir o que a regular oculta, ver claramente o que nesta nos é permitido inferir; e, desta maneira, é de se esperar que alcancemos nosso desígnio com maior segurança"[59].

Se a afinidade é que permite a segurança dada por uma intuição acerca daquilo que se poderia supor, ela também serve para indicar algo que se apresenta nos casos mais usuais; a afinidade da pétala com a origem foliar seria muito difícil de ser compreendida "se não conseguíssemos surpreender a natureza em casos extra-

58 Ibid., p. 37.
59 Ibid., p. 36.

ordinários.[60]" A afinidade permite elaborar e articular um tipo de unidade na generalidade, ela exemplifica o que é comum a todos os eventos, mesmo que tal unidade não seja visível em todas as manifestações particularizadas. Ela não pode ser pensada num fenômeno isolado, nem como base de condição de veracidade para provas empíricas de uma teoria, nem como um conceito altamente abstrato, mas sim como uma coisa extraída e abstraída a partir dos fenômenos mesmos, uma espécie de abstração tomada como concreta e a partir do concreto, cheia de possibilidades.

Ao assumir a efetividade da afinidade no reino dos vegetais, Goethe está dando um passo na direção de dar certa articulação científica e validade àquilo que poderia permanecer sem exame, ou ainda sem validade científica, ou seja, a atenta observação dos fenômenos mesmos. Não podemos nos lançar em divagações, existem os casos em que podemos nos apoderar de um exemplo muito particular para observar empiricamente "aquilo que procuramos captar com imaginação e entendimento"[61]. Os casos da rosa prolífera e do cravo prolífero são os exemplos mais acabados disso, posto que estes casos "nos mostram que a natureza culmina habitualmente o seu crescimento nas flores e faz por assim dizer uma soma, de modo que põe termo à possibilidade de prosseguir passo a passo no infinito, a fim

60 Ibid.
61 Ibid., p. 54.

de, através da formação das sementes, alcançar rapidamente o alvo.[62]"

Goethe faz um construto, a partir da noção de afinidade, que permite o manejo de particularidades da natureza como participantes do geral. Esta questão pode ser pensada em seus dois aspectos mais característicos: o primeiro, e mais precisado neste ensaio, é o da afinidade entre as partes, demonstrado no conceito esvaziado de *folha*; o segundo, não precisado diretamente em *A metamorfose das plantas*, é o da afinidade entre indivíduos, representado pela planta primordial. Essa faceta da afinidade permite não só que o caso empírico particular seja tratado como um geral particularizado, mas também autoriza uma entidade não empírica como a planta primordial. Tanto a folha como a planta primordial não deixam de ser construções que ressaltam a afinidade, quer entre partes quer entre indivíduos, e são frutos dela. Elas podem ser pensadas como conceitos que transcendem a realidade empírica, mas que dela dependem para serem efetivas. A própria construção de tais figuras indica a importância de modelos não meramente analíticos para o avanço da teoria ligada diretamente, mas não restrita, à intuição. Pensar o campo de afinidades permite a composição que está na base de construções como os fenômenos originários, bem como a decomposição que geraria formas isentas de forma, como a *folha*, enquanto condição de manifestações

62 Ibid., p. 55.

específicas.

O termo afinidade neste ensaio encerra uma questão que será fundamental, não só na morfologia de Goethe, mas para toda a epistemologia dos séculos XVIII e XIX, que é a questão da relação entre o geral e o particular. A afinidade entre as partes figurada na palavra folha, que como forma da linguagem não deixa de apresentar problemas, não deixa de ser uma tentativa de pensar a relação entre o geral e o particular. Esvaziando-a das formas que se proliferam nos nós da planta, a folha pode ser pensada como o que é geral nas partes da planta: pensemos na folha como a figuração linguística daquilo que é comum aos particulares. Como tal folha não tem em si manifesta a grande gama de entes particulares, ela exige a efetivação.

Goethe neste ponto, na explicação da afinidade entre as partes da planta, está em consonância com o pensamento de sua época. Vejamos, a título de ilustração, a seguinte passagem da *Crítica da razão pura*:

> [...] A lei da afinidade de todos os conceitos, lei que ordena uma transição contínua de cada espécie para cada uma das outras por um acréscimo gradual da diversidade [...]. Prescrevendo a homogeneidade na máxima diversidade pela passagem gradual de uma espécie para outra, o que indica como que um parentesco entre os diferentes ramos, na medida em que todos provêm dum tronco comum. Esta lei, pois, tem de assentar em fundamentos transcendentais puros e não empíricos; porque neste último caso chegaria depois dos sistemas, quando em verdade foi ela que produ-

ziu o que há de sistemático no conhecimento da natureza[63].

A seguinte passagem serve para ilustrar que, ao contrário, do que se pode pensar, a ciência intentada por Goethe, mesmo quando em pleno florescer do classicismo, assimilou as questões e a terminologia dos debates filosóficos e científicos de sua época. A metodologia de Goethe parece se encontrar com as exigências postas por Kant em seu apêndice à dialética da *Crítica da razão pura*. O ensaio "*A metamorfose das plantas*" nos mostra o princípio de um método morfológico; método este baseado, em grande parte, na persuasão das intuições do objeto. É ao intuir o objeto mesmo que podemos demonstrar nossas regras empíricas ou leis que se apresentam no espírito, não para nos afastar dos objetos, mas ao contrário, para nos ampliar a capacidade de ver. Colocando diante de nós uma relação exemplar e eloquente das representações, o autor pretende nos indicar as relações internas e externas da planta. Aqui este contexto funcional é facilmente representável, quer pelas plantas mesmas, quer mediante ilustrações. Deste contexto partimos para relações cada vez mais complexas. Do simples ao complexo Goethe construirá o seu caminho morfológico e intentará cada vez mais demonstrar as sutilezas desse método e compará-lo com outras formas de se fazer ciência.

63 *Op. cit.*, "Apêndice à dialética transcendental", A 658/ B 686, A660/B 688.

4

A heurística viva – olho e espírito

A maneira de apresentar o método de Goethe na tentativa de compreender o mundo das formas pode parecer simples, mas oculta grandes dificuldades. O poeta buscou, em uma série de textos, explicitar o seu atuar em relação às naturezas orgânicas. A compreensão da atividade do conhecer será o objeto desta parte do trabalho, pois para Goethe, como nos aponta Georg Simmel, o resultado do conhecer "não descende por debaixo dos fenômenos para fazê-los abraçar, ao modo de simples representações, pelo eu como função cognitiva; nem pode satisfazer-se saindo deles, com a ideia de uma coisa-em-si. [...] Não fora dos fenômenos, mas neles, coincidem natureza e espírito, o princípio vital do eu e do objeto"[1].

O sujeito não pode ser munido de uma infinitude que seria um correlato da natureza infinita. Este aperceber-se da incapacidade do sujeito diante da natura infinda

1 SIMMEL, G.; "Kant y Goethe – para una historia de la concepción moderna del mundo", *Goethe* p. 271.

"é para Goethe um início perverso"[2] do caminho do conhecer – o qual seria trágico[3], não fossem as inúmeras tentativas de se penetrar, ao menos em parte, o mundo natural e de se considerar suas singularidades. Este observador não pode travar uma "luta com a natureza", muito menos ceder ao "impulso irrefreável de submeter a si mesmo os objetos"; ao mesmo tempo, ele não deve recuar ou se deixar paralisar diante dos objetos da natureza "que se impõem com tamanha força"[4]. Deve seguir buscando "o conhecimento das conexões de seu ser e de seu agir"[5]. Ele deve proceder diante da natureza não como aquele que a isola e secciona, mas como alguém que a representa como operante e vivente na aspiração do todo com as partes.

Um passo posterior deve ser dado: o sujeito passa a impor a si mesmo limites ao impulso em direção ao conhecer. Os limites do agir e do sujeito são estabelecidos "diante de um duplo infinito: por parte dos objetos,

2 DANCKERT, W.; *Goethe – der mythische Urgrund seiner Weltschau*, p. 225.

3 Para ilustrar a tragédia procedente de tal relação, cito uma passagem de Schelling: "Eu o entendo meu caro amigo! Parece-lhe mais grandioso lutar contra uma potência absoluta e sucumbir lutando, do que garantir-se preventivamente contra todo o perigo, através de um deus moral. Certamente essa luta contra o imensurável não é somente o mais sublime que o homem pode pensar; é, no meu entender, o próprio princípio de sublimidade". Schelling, *Cartas sobre o dogmatismo e o criticismo*, Os pensadores, v. XXVI, p. 179.

4 "Das Unternehmen wird entschuldigt", *Ideen über organische Bildung- 1806-1807*. DKV, v. 24, p. 389.

5 "Die Absicht eingeleitet", *Ideen über organische Bildung - 1806-1807*. DKV, v. 24, p. 391.

a multiplicidade do ser, do devir e das relações que se entrecruzam de um modo vivente; por parte d[o observador] mesmo, dada a possibilidade de uma instrução infinita na medida em que seja capaz de adaptar, tanto sua sensibilidade como seu juízo, a formas sempre novas de recepção e de reação."[6] Como vemos, a faceta de infinitude ligada ao sujeito é dada não por uma capacidade infinita de percepção, mas pela capacidade de se formar no relacionamento com os objetos. O sujeito permanece, enquanto sujeito do conhecer, finito, mas sua perfectibilidade no intuir e julgar os objetos torna suas possibilidades insondáveis.

Esta noção dos limites existentes em uma ciência que vise conectar esses dois aspectos não deixa de ser a de uma ciência que parte de uma afinidade, não mais a afinidade entre objetos e seus princípios, mas uma afinidade entre o observador e o observado. A título de ilustração vejamos o que diz Goethe em sua Introdução à *Doutrina das Cores*: "Ninguém pode negar a afinidade imediata do olho com a luz"[7]. Existe em Goethe uma ligação produtiva do observador em relação aos objetos, há no sujeito um ato criador que se desenvolve juntamente com o contemplar, que fixa os mais estranhos e opostos fenômenos combinando seus elementos, levando-nos a recompor em nossa percepção os próprios fenômenos, no intento de compreendê-los.

6 "Das Unternehmen wird entschuldigt", *Ideen über organnische Bildung- 1806-1807*. DKV, v. 24, p. 389.
7 *Doutrina das cores*, p. 45.

Goethe não foi cego em relação à percepção da "rede de afinidades que unia toda a natureza, na vida em expansão regulada, que o unia a toda natureza, da qual se sentia filho e herdeiro.[8]" Essa afinidade não nos é apresentada diretamente aos sentidos – o que nos previne da redução do método morfológico de Goethe a uma vertente puramente empirista ou materialista –, ela é sentida e pressentida no homem. Essa afinidade existente entre os entes naturais não deixa de se fazer sentir entre nós e a natureza, como foi muito bem colocado na seguinte máxima:

> Aquilo a que chamamos inventar, descobrir no mais alto sentido da palavra, é a exercitação significativa, a atualização de um original sentimento de verdade, o qual tranquilamente formado ao longo de muito tempo, de repente, com a rapidez de um relâmpago, nos conduz ao ato do conhecimento. É uma manifestação que se desenvolve do interior para o exterior e que leva os homens a pressentir a semelhança com Deus. É uma síntese do mundo e do espírito, a qual nos dá a bem-aventurada certeza de eterna harmonia da existência."[9]

Essa pressentida semelhança com Deus não deixa de ser uma manifestação da nossa afinidade formativa com o mundo. Esta conexão do espírito com o mundo admite uma série de passagens de um para o outro, mas não nos

8 MOLDER, M. F.; *O pensamento morfológico de Goethe*, p. 197.
9 *Máximas e reflexões*, máxima 562, p. 127.

autoriza a estabelecer qualquer tipo de primazia, quer de um, quer de outro. "Desta preestabelecida harmonia entre eu e mundo, órgão e objeto, resultou para o investigador da natureza em uma espécie de obrigação: a de que as aparições objetivas e subjetivas se liguem sempre umas com outras. Uma de suas exigências diletas é a de que a ciência permanece no meio entre natureza e sujeito."[10] Dizer que esta ciência, que clama por objetividade descritiva, se localiza em um termo médio entre nós e os entes observáveis, não é esvaziar a natureza e suas formas, muito menos é admitir uma primazia do sujeito; este ponto prolífero, onde se encontram observador e observado, não é ditado pela vontade do sujeito, mas pela própria imposição da natureza à sensibilidade dos homens.

É a sensibilidade que, num primeiro momento, demarca o terreno que se coloca diante do mundo prolífero das formas naturais. Ela determina o ponto de aproximação com a natureza que atua enquanto "vida e sucessão, desde um centro desconhecido até uma periferia incognoscível"[11]. A tentativa de se entender os fenômenos isoladamente é afastada. Entre o objeto e o sujeito, entre a experiência e nossas capacidades de apreensão, surgem as potências da alma "com as quais as experiências são apreendidas, reunidas ordenadas, desenvolvidas", sobre as quais não se pode negar "uma

10 Werner Danckert, *Goethe – der mythische Urgrund seiner Weltschau*, p. 229.
11 "Problem und Erwiderung". DKV, v. 24, p. 582.

elevada força, quase criadoramente independente"[12].

Tal modulação permite o afastamento da possibilidade de um fenômeno ser entendido em sua pureza no mundo empírico: "O investigador da natureza busca o determinado nas manifestações para compreender e deter o que é estável e, em casos particulares, ele está atento não só a como os fenômenos aparecem, mas também a como devem aparecer".[13] É da própria experiência que nascerá aquilo que dá unidade aos fenômenos experimentados. A afinidade, por exemplo – quer entre partes da planta, quer entre os entes do reino vegetal –, não se evidencia a si mesma em todos os casos, mas pode ser pressuposta, dada sua frequência, em casos generalizáveis.

> O homem se satisfaz com a representação, mais do que com as coisas, ou, ainda devemos dizer, o homem se satisfaz com uma coisa, na medida em que ele a representa, quando esta se adequa à sua índole, ele aprecia seu modo de representação quando este se eleva às alturas; geralmente este segue seu intento de trazer muitos objetos a um tipo de relação apreensível que eles, a rigor, não possuem (...)[14]

Devido a isso, devemos procurar nos educar e nos limitar em relação aos fenômenos e às regras dele de-

12 25"Der Versucher als Vermittler von Objekt und Subjekt", DKV, v., p. 26.

13 "Das reine Phänomen", DKV, v. 25, p. 125.

14 "Der Versucher als Vermittler von Objekt und Subjekt"; DKV, v. 25, p. 31.

duzidas por meio da afinidade existente entre interior e exterior. Como em Goethe não podemos encontrar uma forte intenção de se determinar a finitude humana, nem uma exigência de diminuição das potências da alma para que se estabeleça uma relação meramente objetiva com a natureza, devemos buscar o ponto de intersecção em relação às operações da natureza. O homem que busca um conhecimento da natureza está sempre em uma investigação simultânea de si e dos objetos, da natureza e de seu espírito. Dado que não se deve, segundo Goethe, submeter a si os fenômenos, enquanto relação intuitiva, o poeta se viu obrigado a pensar sobre as faculdades humanas que, ao mesmo tempo, possibilitam a ciência da natureza e estão na base da maioria dos erros que proliferam nessa atividade. Embora não haja um lugar privilegiado para o estudo das operações do espírito, essas operações interiores são descritas em diversos textos que buscam indicar as possibilidades do estudo da natureza.

Goethe teve de descrever, ainda que de maneira não totalmente acabada, as operações do ser humano em relação aos objetos, dado que é da eterna influência mútua entre interior e exterior que vai nascer a heurística viva: "Todo o meu agir interior[15] é como uma heurística viva

15 *Inneres Wirken*. Este termo *Wirken* demonstra a afinidade entre o objeto de estudo e aquele que estuda, pois a prescrição à morfologia citada acima é que se busque "o conhecimento das conexões de sua essência e de seu agir (*Wirken*)", o estudo dessa atuação pressupõe um agir interior vivo que, assim como o objeto estudado, estimule o reconhecimento

a qual, reconhecendo a presença de uma desconhecida mas pressentida regra, aspira encontrá-la no mundo exterior e a impô-la ao exterior."[16] Tal passagem não significa a pressuposição de imposição de uma regra ou de uma ideia preconcebida na alma do investigador. A regra não é apresentada na alma como algo que esteja definido e determinado, a efetividade de tal regra no mundo é que pode trazer algum conhecimento a seu respeito. Ela é potencialidade de efetivação, sua validade e seu conhecimento dependem da busca de seu correlato no mundo exterior. Tal regra pressentida constitui uma maneira de lidar com os objetos e com o observador que indica a possibilidade de algo oculto em ambos os sentidos. A tensão existente, tanto no sujeito, como na natureza, entre o que que subjaz ao que é perceptível permite o nascimento desta espécie de regra oculta nascida no sujeito atuante e que permite certa união entre sujeito e objeto.

Essa regra, pressentida na alma, que mantém clara analogia com a "escala espiritual" exposta na *Metamorfose das plantas*, apresenta uma exigência para o observador: a da experimentação, da observação e da intuição dos objetos. Pois mesmo que entre os objetos e o observador exista uma espécie de fenda que permite sentir os efeitos do outro lado, ela não permite um contato direto e pleno. Por mais que não possamos intuir

da relação afim que opera tanto no interior como no exterior.
16 *Máximas e reflexões*; máxima 328, p. 79.

um fenômeno puro e isolado, devemos, através do intuir de diversos fenômenos, buscar, no exterior e no interior, essa regra "espiritual" no momento em que eles se relacionam. Goethe jamais poderia ser pensado como herdeiro da tradição empirista, em sentido estrito, pois podemos notar que a experiência nunca repousa apenas sobre si mesma. Somente "o modo de fazer e de utilizar essas experiências e o modo de desenvolver e aplicar nossas forças, é o que pode ser totalmente conhecido e reconhecido"[17].

O homem deve ser estimulado pelo pensamento acerca dessas faculdades ou potências, que permitem um enlaçamento objetivo da realidade interior. Ele poderá chamar de verdadeiro o conteúdo gerado pelo dinamismo destas potências em sua própria ação. O apropriar-se dos objetos, por meio delas, encontra uma valoração tal que a determinação do objeto passa necessariamente pelo sujeito, ao passo que o sujeito determina e aprimora suas forças sempre na relação com os objetos. O resultado e as premissas do saber científico passam necessariamente por aquilo que temos de mais característico. Não se trata de uma comunicabilidade estabelecida pela objetividade das coisas, mas de uma aplicação das faculdades do homem, pertencentes a todos os sujeitos, ao caso singular. Por meio dessas faculdades e sua aplicação aos fenômenos é que se pode

17 "Der Versucher als Vermittler von Objekt und Subjekt"; DKV, v. 25, p. 28.

estabelecer um elo mais preciso entre as coisas e o seu conhecimento. Podemos avançar tentando entender melhor esse agir interior, indicado por dois termos alemães: *Kräfte* (faculdades ou forças) e por *Vorstellungarten* (modos de representação). Mas não nos iludamos, o uso de termos como estes, como aponta Maria Filomena, deixam patente "a ausência de uma autêntica linguagem filosófica [que] em Goethe reside na insuficiente terminologia usada, da qual um dos casos mais flagrantes diz respeito às *Vorstelungsarten.*"[18] Essa insuficiência terminológica reside, em grande parte, no uso livre que o poeta fez da terminologia pós-kantiana e em seu temperamento poético.

Mas, ainda que não nos coloquemos de maneira taxativa acerca das faculdades do homem e de seus modos de representação, devemos tentar explorar, nos textos, como estes termos aparecem. Nem tanto por um nexo terminológico, mas por um nexo posicional e rítmico que permita encontrar a descrição das posturas do pensar a natureza em meio a todos os componentes do agir interior e que delineiam o construto do investigador goethiano. Este momento prolífero da intuição dos objetos coloca em movimento este sujeito e "a potência do espírito humano [que] aspira a relacionar tudo que é externo com aquilo que conhece"[19].

Tal passagem nos mostra que, mesmo sendo por meio

18 Molder, M.F., *O pensamento morfológico de Goethe*; p.100, nota 48.
19 "Der Versuch als Vermittler..." DKV, v. 25, p. 31.

destas forças ou faculdades que o conhecido ganha comunicabilidade, é delas que nasce o erro de não se respeitar as ações da natureza. Delas nascem, juntamente com a comunicabilidade, os "inimigos interiores dos homens", a saber, "imaginação, impaciência, precipitação, autocomplacência, rigidez, forma de pensar, opinião preconcebida, comodismo, leviandade, inconstância e como se queira nomear este bando e seu séquito"[20]. Isso ocorre devido à desproporção existente "entre nosso entendimento e a natureza das coisas"[21].

Residiria aqui um impasse? Pois, se como vimos a morfologia busca o contato objetivo com as formas da natureza, como poderia Goethe atribuir a possibilidade de conhecimento aos poderes e capacidades humanas? Não seria isso um impor-se aos fenômenos? Não! Pois, para Goethe, a sensibilidade, o intuir e os sentidos – em analogia com as coisas da natureza, onde "nada acontece que não esteja em relação com a totalidade"[22] – estão sempre em associação com todas as forças do espírito. Assim como não é possível que encontremos um fenômeno isolado na natureza, é impossível que nosso aparato sensitivo não venha acompanhado de uma série de faculdades humanas e "ainda que não se encontre nos textos goethianos qualquer tratamento sistemático das faculdades humanas, deparamos com alusões, que são mais ou menos desenvolvidas, mas sempre

20 Ibid., p. 30.
21 Ibid., p. 34.
22 Ibid., p33.

esclarecedoras."[23]A busca por uma certa unidade entre subjetivo e objetivo se dá dentro da própria manifestação do espírito em relação à natureza. A natureza, tal como podemos contemplar com os olhos, é produto e testemunho direto das faculdades do espírito.

As faculdades elencadas por Goethe guardam certa consonância com aquelas que a tradição kantiana estabeleceu, pois, para buscar alguma unidade em relação à natureza, com esforço tentamos superar o hiato e a desproporção existente entre nós e a natureza, e somos munidos das seguintes potências: "a razão, o entendimento, a imaginação, a crença, o sentimento, e, quando não se consegue, com tolice.[24]" A razão é para Goethe uma espécie de centelha divina que se eleva acima do entendimento, pois "sobre aquilo que é vivo só a razão possui sabedoria"[25]. A razão "é uma estranha e elevada potência.[26]". O mundo racional é para Goethe um grande gerador de formas, e nele reside o mistério: o nascimento das formas e a abundância delas. Não devemos nos esquecer do dito de Mefistófeles: "Vai-te e despreza a razão e a ciência / do ser humano a máxima força!"[27]. Existe um momento em que "ela, enquanto puro *Logos*,

23 MOLDER, M.F., *O pensamento morfológico de Goethe*; p. 91.
24 "Bedenken und Ergebung"; DKV, v. 24, p. 449.
25 *Máximas e reflexões*; máxima 599, p. 134.
26 Werner DANCKERT, *Goethe - der mythische Urgrund seiner Weltschau*, p. 250.
27 *Fausto*, versos 1851 e 1852, versão levemente alterada da tradução de Jenny Klabin Segall).

evidentemente se afasta da esfera do entendimento"[28]. Pois "a razão aplica-se ao que está em devir; o entendimento ao que já 'deveio'. Aquela não se preocupa com o 'para quê?'; este não se pergunta 'donde?' – ela alegra-se com o desenvolver-se; ele quer que tudo pare"[29].

Se a razão permanece, enquanto faculdade humana que reflete no homem aquilo que na natureza ganha proporções de infinidade, como afinidade entre o homem e o mundo, o entendimento busca restringir a natureza, enquanto pregnante de formas. O entendimento busca alcançar as causas ocultas das ações da natureza, gerando uma tensão entre a mobilidade do mundo do devir e a intenção de manter como estável a eterna mutabilidade da natureza. "O homem acha-se no meio de efeitos e não pode impedir-se de perguntar pelas causas. Então se apodera dos seres mais próximos como se fossem a melhor das causas e fica descansado. E é este o modo próprio de proceder geral do universal entendimento humano."[30]

Sempre nos movemos em relação à natureza nos estreitos limites em que somos inseridos, pelos quais ela apenas insinua o seu atuar. Nós não podemos entender os limites de sua geração de formas. O entendimento,

28 Werner DANCKERT, *Goethe - der mythische Urgrund seiner Weltschau*, p. 251.

29 *Máximas e reflexões*; máxima 554, p. 126 da edição portuguesa.

30 *Máximas e reflexões*; máxima 597, p. 133 da edição portuguesa, embora algumas correções tenham sido feitas de acordo com o volume nove das obras completas editadas como Artemis-Gedenk-Ausgabe, da Artemis Verlag, p. 577.

mesmo não sendo a faculdade mais privilegiada em relação ao intento de conhecer o mundo, ainda assim possui uma função bem determinada: a de regular a potência criadora que é a imaginação. A imaginação, para o poeta, "está muito mais próxima da natureza do que a sensibilidade; esta está encerrada na natureza, aquela se coloca acima da natureza. A imaginação se eleva à natureza, a sensibilidade é subjugada por ela"[31].

O problema em questão é: como a imaginação – que em textos como "o experimento como mediador entre o sujeito e o objeto" aparece como ligada a um bando de inimigos do conhecimento apropriado das coisas – pode tornar-se aliada na busca por abarcar a formação da abundância de formas do mundo exterior? Goethe evidencia o mau uso da faculdade da imaginação que preenche as lacunas inerentes à observação, ou seja, um uso desta faculdade que se coloca no lugar da observação. Este mau uso é um problema que está na base do entendimento das coisas, pressupõe igual mau uso das outras faculdades: um uso equivocado da razão e do entendimento, que, com precipitação e sagacidade, substitui a calma observação. Este modo de operar em relação às nossas faculdades extrai da imaginação uma matéria desligada das coisas mesmas e que se torna um fim em si e que nada diz a respeito das coisas.

"Há poucos homens que tenham imaginação para a

31 "Poetische Metamorphosen", *Studien zur Morphologie*, in DKV, v. 24, p. 690.

verdade e para o real"[32]. É este o ponto crucial, a imaginação deve ser posta em cena na sua relação com o real. Essa forma de imaginação se liberta da trama subjetiva que tende a se impor às coisas do mundo exterior e se torna um pressuposto do ver. Ela atua em comunidade com o ver. Há um modo de entender a imaginação que é duplo: por um lado ela produz muito (no sentido interno ao sujeito) para o interesse parcial e estático do entendimento, elaborando engenhosas hipóteses, sistemas, entre outras coisas; por outro lado ela se eleva à natureza e ao que há nela realmente, sendo ela mesma a fonte da configuração do contemplar. O bom uso da imaginação pressupõe a consonância plástica do espírito humano com a natureza mesma. Tal afinidade se coloca manifestamente na seguinte passagem: "No espírito humano assim como no universo nada se encontra abaixo ou acima, tudo exige com igual direito um ponto intermediário que manifeste sua existência secreta na relação harmônica de todas as partes em relação a ele."[33] Este ponto intermediário não é apenas o somatório de todas as faculdades do espírito humano. Ele, assim como o centro desconhecível da natureza, pode ser apenas pressentido e antecipado pelo nosso, "agir interior".

O agir interior, que é ao mesmo tempo condição e produto desse ponto intermediário, nos coloca em uma relação harmônica das capacidades. Ele orienta a relação

32 Conversa com Eckermann de 25 dezembro de 1825.

33 "Ernst Stiedenroth Psychologie zur Erklarung der Seelenerscheinungen"; DKV, v. 24, p. 614.

do observador com os objetos. Este modo de operar vivo e equânime é raro: "Sabemos bastante bem que em relação a naturezas humanas particulares se impõe habitualmente o predomínio de uma faculdade, de uma capacidade, o que gera uma unilateralidade do modo de representar. O homem só conhece o mundo através de si mesmo, daí que ingenuamente acredite que o mundo foi construído de acordo com ele e sua vontade."[34]

Essa unilateralidade gera todo o confronto teórico e as teorias mortas, pois ela não é gerada com o agir interior, não resulta em uma heurística viva, mas em algo fantástico e morto. Ela é o que está na base das teorias construídas sobre a natureza, que mostram muito mais o engenho daquele que a formula do que algo sobre as coisas mesmas. Esse ponto intermediário, que irradia seus poderes para todos os lados, de maneira que associe a sensibilidade e os sentidos de maneira viva com a conexão espiritual, tem como aliada a imaginação. Ela não exerce um domínio sobre as outras faculdades, mas é ela que as convoca para a reunião em torno do ponto intermediário. Devido ao poder criador e até competitivo em relação à natureza, ela extingue qualquer possibilidade de um conhecimento unilateral e estático, estabelecido pela sensibilidade e entendimento, em relação às forças naturais.

A referência da imaginação, quando atua bem, é um conhecimento que se forma conjuntamente com

34 Idem.

os objetos observados. Ela é uma espécie de faculdade viva que, análoga a um órgão, que pode desenvolver, criar outros órgãos e coordená-los, age viva e produtivamente. A imaginação não legisla, mas produz; ela solicita, traz à tona a legislação de todas as outras faculdades humanas. Ela não estabelece a finalidade do conhecer, mas serve, quando bem educada pelos fenômenos, como princípio de movimento. Ela propaga suas ações vivas, substituindo qualquer princípio volitivo na relação com a natureza. Nesse processo de relação continuada da imaginação, tanto em relação às outras faculdades, como aos entes naturais, ela é levada a apropriar-se das coisas, fazendo mover todo um espírito.

Mas a imaginação, mesmo sendo quase que o impulso formativo da experiência, não se encontra isolada e nem é o fim último da experiência, pois, como já dissemos, o todo e a parte se relacionam de maneira efetiva na natureza e no nosso agir. Mesmo que a razão – posta no sentido de centelha divina, quer nas coisas quer em nós mesmos – seja instigada pela imaginação, mesmo que esta última possa ser considerada como tendo a primazia sobre a primeira, a razão fornece à imaginação a segurança necessária para que o contínuo movimento ascendente das representações estabeleça uma relação unívoca com o mundo exterior. A razão alia à força criadora da imaginação a tendência totalizante das representações.

É a razão que, provocada e convocada à ação pela imaginação, intentará alcançar os resultados da experiência e convocar o espírito humano a idear. Ela aparece nesta cadeia em uma posição diferente da do entendimento, ela não limita a imaginação, mas se alia a ela na busca de alcançar aquilo que não é alcançável.

> O entendimento não a alcança [a natureza], o homem tem de ser capaz de elevar-se à suma razão para poder chegar à divindade que se revela nos fenômenos originários[35] [...] pelos quais a natureza se mantém e que dela partem. A divindade alenta no que é vivo, não no morto; no que devém e se transforma, e não no já feito e rígido. Por isso a razão, em sua tendência ao divino, só se relaciona com o que está no devir e com o que vive[36].

Convocar o lado ideal do fenômeno é papel da razão, é ela que nos apresenta a possibilidade do fenômeno originário. Ele é um produto da razão estimulada pela imaginação. É algo que possui tanto uma origem fenomênica quanto uma origem ideal. Os fenômenos originários são quase que o resultado das experiências e de suas orientações. Eles se demonstram no devir das coisas. A ideia também ocupa uma posição parecida: "O conceito é uma soma, a ideia um resultado da experiência. Para fazer a soma basta o entendimento; mas

35 Aqui nos deparamos com outro problema patente da linguagem teórica goetheana, a relação entre os termos fenômeno originário, ideia, forma, imagem originaria (como atesta Maria Filomena Molder, *Op. cit.* nota 48.)

36 Conversa com Eckermann, 13 de fevereiro de 1829.

para apreender o resultado exige-se razão."[37]

A semelhança do lugar ocupado nas duas passagens acima deixa clara a integração entre ideia e fenômeno originário, mas entre esses produtos existem diferenças. A ideia é aquilo que aparece no todo, é aquilo que torna a faceta universal contemplável nos casos particulares; o fenômeno originário, embora tenha a sua origem ligada a sua carga ideal, é aquilo que se manifesta como aglutinador dos casos particulares, como composição. A ideia é "aquilo que continuadamente surge no âmbito fenomênico e por isso se nos impõe como lei a todo acontecer fenomênico.[38]" Aqui devemos lembrar o que dissemos acerca da planta primordial, o método ao qual se chega ao fenômeno primordial pode ser o mesmo: o da composição. É por meio de uma composição de realidades particulares que se pode pensar um fenômeno que devido a sua coerência interna se assemelhe a todo fenômeno particular. A ideia, por outro lado, surge diante do fenômeno, e é ao mesmo tempo a matriz interpretativa do fenômeno, o antecede. Ela tem um papel análogo à ideia kantiana que, nas palavras de Márcio Suzuki, seria "um princípio regulador, que pela própria definição não determina, mas apenas formula heuristicamente um princípio de interpretação."[39]

O fenômeno primordial é a planta primordial, a ideia seria a noção de metamorfose manifesta na forma sem

37 Máxima 1135, p. 219.
38 Máxima 1136, p. 219.
39 *O gênio romântico*, p. 39.

forma, a *folha*. A confusão que pode ser instalada entre os dois se deve ao fato de que nenhum deles reside integralmente na intuição. O fenômeno originário pode se tornar minimamente visível plasticamente, mas não pode ser objeto de observação sem a mediação artística. Ele apresenta um limite, um ponto máximo da observação que permitiria a contemplação da variedade em uma unidade. Ele não pode ser reduzido a um princípio fundamental. Podemos pensá-lo até como aquele centro incognoscível do agir da e do existir da natureza. A ideia, por sua vez, é condição de existência do âmbito fenomênico, ela pode ser reconhecida no fenômeno, mas ela "contradiz nossos sentidos"[40]. Outro ponto fundamental para entender esses fenômenos primordiais é que a sua possibilidade já é a sua explicação: "o magneto é um fenômeno primordial que o homem só necessita exprimir em vista de o explicar. Por isso ele é o símbolo de todo o resto, para o qual não são precisos nem palavras nem nomes."[41] Seguindo adiante veremos que estes fenômenos "se manifestam ao nosso pensamento[42]".

Nos escritos sobre morfologia, podemos acompanhar a construção de um termo, que não é ainda o fenômeno primordial, mas que também já não é a planta primordial: o corpo primordial. Em um texto sobre as naturezas orgânicas chamado *Desunião orgânica*, pos-

40 Máxima 1138, p. 220.
41 Máxima 433, p. 103.
42 Máxima 411, p. 96.

terior à metamorfose das plantas[43], Goethe principia a se questionar acerca do pensar e representar do homem em relação às naturezas orgânicas consideradas em seu dinamismo e geração. Aqui, ele compara a "unidade empírica" que "podemos ver com os olhos" e a unidade ideal que surge quando "as diversas partes dão origem a algo como um corpo primordial. Os passos que nos levam a eles devem nos levar a uma forma pensada. Esses corpos primordiais devem, em nosso pensamento, ser concebidos como possíveis."[44].

É a coerência interna que permite que este ser originário possa ser pensado como possível. Goethe, embora não descreva bem como podemos estabelecer esta coerência interna, nos indica, de maneira quase irresistível, o caminho: "O aqueduto como exemplo de diferenciação entre o ideal e o fantástico[45]". O ideal, em semelhança com a obra da Antiguidade, "é uma segunda natureza, atuando em consonância com os interesses [...] – assim é com o anfiteatro, o templo e o aqueduto." O fantástico "se ergue natimorto pois o que não possui uma verdadeira existência interior não possui vida, tampouco

43 Este texto, juntamente com outros que formam o conjunto de textos fragmentários chamado *Ordem dos empreendimentos*, parecem corresponder ao princípio de uma expansão em relação à *Metamorfose das plantas*, uma generalização da teoria da metamorfose enquanto chave para abrir as existências individuais.

44 *Op. cit.*, DKV, v24, p. 354.

45 Anotação feita no texto "Ordnung des Unternehmens", DKV, v. 24 p. 351.

podendo ser ou tornar-se grandioso."[46]

A exigência permanece a mesma: o seu desígnio, ou a sua ideia formadora no mundo, indicam sua origem; é da própria coerência de sua constituição que a vida poderá ser garantida, ou obtida. Em um ser da natureza real, a individualidade ideal tem de trazer em sua manifestação no pensamento o seu intento e sua configuração interior, que é gerada a partir da composição das realidades particulares. À maneira dos seres vivos, esses entes híbridos devem ser pensados como carregados de uma existência plena.

Coloca-se então a unidade no geral baseada na composição de partes individuais em uma forma pensada, ideada. A ideia dá origem a uma espécie de método genético: "A ideia deve governar o todo e deve abstrair geneticamente a imagem geral."[47] A questão do tratamento genético dado aos objetos da natureza se coloca como fundamental para entender a maneira como os modos de representação e a ideia se colocam. Nele o fantástico é diferenciado do ideal. Ele é descrito da seguinte maneira:

> Se eu olho para uma coisa gerada e me pergunto acerca de sua gênese, e sigo regredindo neste processo tão longe quanto posso, encontrando uma serie de graus, que eu não consigo perceber uns ao lado dos outros, eu os devo visualizar em minha memória para formar um todo consciente-

46 *Viagem à Itália*, p. 142.
47 DKV, v. 24, p. 230.

mente ideal. Primeiro eu intento pensar em termos de graus determinados; mas dado que a natureza não dá saltos, ao final me obrigo a contemplar esta sequência ininterrupta de atividade como um todo, faço isso suprimindo o individual sem destruir a impressão mesma.[48]

Todas as formas, que sendo geradas no processo de metamorfose, são livremente colocadas de acordo com as operações da razão, não para serem reduzidas a princípios racionais, mas para serem ordenadas na sua relação com o todo. Como jamais podemos contemplar o todo como estático, temos de nos manter em movimento em relação aos graus pensados – mas não para seccionar imageticamente as etapas do desenvolvimento dos seres individuais! A imaginação se coloca aqui como uma faculdade criadora, pois, no momento em que surge a pergunta sobre a criação de um objeto, mesmo que intentemos permanecer na intuição, a imaginação é chamada a auxiliar. Nem os graus, nem o particular suprimido, são demonstráveis no fenômeno, mas servem para que se inicie a percepção mais aclarada do fenômeno.

Neste caminho, que é genético, por buscar a origem que nunca nos é dada à contemplação, a ideia é criada por meio de um uso da razão que associada ao ato imaginativo coloca o espectador em ação. É assim que a intuição imaginativa do espectador passa a buscar a

48 "Genetische Behandlung", in *Ordnung des Unternehmens*, DKV, v. 24, p. 353.

percepção, não mais de objetos isolados, mas do devir e do desenvolvimento dos seres orgânicos. É esta abordagem, que se dá por meio de uma série de construtos, baseados na imaginação e nos modos de representação, que permite a expressão da ideia nos fenômenos. Não se trata de reduzir as etapas da formação de um ente a partir de um princípio rígido de sucessão. Como nos indica Cassirer:

> o conceito goethiano de 'gênese' é dinâmico, mas não histórico, enlaça formas muito distantes umas das outras, pondo em relevo uma contínua mediação, mas não pretende traçar árvores genealógicas das espécies. O processo de transformação por meio do qual, de uma forma primordial comum, derivam as diversas partes [do ser vivo] é uma gênese ideal, não uma gênese real[49].

Aquilo que se extrai das realidades particulares, aquilo que é gerado por essa genética ideal, não é um conceito, muito menos uma indução; ao passo que esses separam, essa noção ideal deve unir. Esta forma primordial que se revela no espírito não encerra um fim último da observação. Devemos nos mover da intuição para a ideia e desta para a intuição. Assim poderemos obter algum conhecimento acerca da natureza. Não devemos cometer o erro de colocar a ideia e o fenômeno originário como existências exteriores aos fenômenos; ambos dependem da efetivação nas coisas mesmas. Eles se colocam no

49 CASSIRER, E.; *El problema del conocimiento*, v. IV, p. 185.

momento da relação direta entre o sujeito e o objeto. A natureza passa a ser produto e testemunho direto das faculdades do espírito. O princípio vital da natureza é ao mesmo tempo o princípio no espírito do homem, eles são todos procedentes, de maneira análoga, da unidade existente entre o universal e o particular. Tais existências ideais surgem como solução de um problema: "figuras, descrições, medida, número, e desenho não expõem ainda o fenômeno.[50]"

Neste passo, onde Goethe busca identificar melhor o seu método, se colocam lado a lado alguns problemas que serão fundamentais para o todo da morfologia, pois aquilo que se tenta nomear é da ordem da origem. Como nos aponta Filomena Molder: trata-se "da gênese do ritmo geracional, isto é, tem a haver com a forma não no sentido da configuração visível, mas como lei de aparecimento da configuração, forma que não tem figura e que não é determinável de modo rigoroso.[51]" Aqui o problema colocado é o da passagem ao aparecer, aquilo que está na base de qualquer existência individual: a já citada presença "de uma desconhecida, mas pressentida regra, aspira a encontrá-la no mundo exterior e a impô-la ao exterior."[52]

Goethe não estabelece uma antinomia entre o sujeito e o objeto, mas funda toda a possibilidade de conhecimento na ligação entre eles. O olhar para Goethe, como

50 *Máximas e reflexões*, máxima 157, p. 49.
51 MOLDER, M. F.; *O pensamento morfológico de Goethe*, p. 112
52 *Máximas e reflexões*; máxima 328, p. 79.

podemos inferir, é o que liga este sujeito com o mundo das formas, mas não se trata de mera sensação ou experiência pura. Ele se divide em dois: um lado meramente empírico, que visualiza a superfície das coisas, e um lado não físico que o coloca como agente emulador da geração das formas ideais, aliado a toda esta gama de movimentos do espírito.

O reino do espírito, enquanto reino de invisíveis, não pode ser estudado de maneira isolada de sua ação, não podemos separar todas essas sutilezas das faculdades do espírito do momento em que elas se relacionam com algo que lhe seja exterior. Os modos de representação não deixam de estar na base de tal procedimento de investigação, onde o homem "acha-se no meio de efeitos e não pode impedir-se de perguntar pelas causas"[53]. Tudo ocorre para evitar o paralisar, pois, "são sempre nossos olhos: são sempre nossos modos de representação. Só a natureza sabe inteiramente aquilo que quer e aquilo que quis.[54]"

Os modos de representação não solucionam como um *deus ex machina* os problemas existentes na base de todo o processo que busca intuir os entes naturais. Eles são o organismo gerado pela interação entre as seguintes faculdades do representar: "sensação, entendimento, razão e imaginação"[55]. Essa busca pela ideia,

53 Máxima 597, p. 133.

54 Máxima 220, p. 57.

55 Texto acerca da filosofia Kantiana anexado a uma carta dirigida à Grã-duquesa Maria Paulowna, de 3 de janeiro de 1817. *Briefe*, Ham-

ou por aquilo que subjaz no fenômeno, não carrega em si um ímpeto legislador, mas realiza e pressente uma afinidade produtiva recíproca que se instala no ato de intuir. Não podemos, porém, parar de nos provocar com os fenômenos. O ato de intuir e representar exige um pressentimento formativo para trazer à tona a multiplicidade inerente da formação. Ao investigador da natureza cabe o exame do parentesco interno dos seres, mesmo que para isso busque entendê-los de acordo com a representação. O representar passa a ter um significado fundamental em relação ao qual o objeto é de outra instância. O homem deve ser estimulado a pensar por meio destas representações, elas devem iniciar um processo interno análogo de dinamismo em relação aos objetos. Em seu texto sobre as leis da formação das plantas, Goethe afirma que nossa "representação dos efeitos da natureza permanece sempre incompleta[56]".

Será que depois de todo este trajeto, que buscou evidenciar o operar das faculdades dos homens, permaneceremos ainda sob o signo trágico da indigência do aparato do conhecer e representar em relação à natureza? Estaríamos ainda na etapa trágica do conhecer? Mais uma vez a resposta é negativa. Assim como as forças da natureza, todas essas faculdades, que atuam como órgãos das formas de representar, nos levam a uma etapa onde o critério de conhecimento nos é apre-

burger Ausgabe, v. 3 p.385.
56 *Op. cit.*, DKV, v. 24, p. 98.

sentado no ciclo das coisas a serem consideradas. Os construtos teóricos de Goethe não parecem frutos de um sistema dedutivamente construído a partir de conceitos ou palavras. É do fenômeno que se parte, ainda que para transgredi-lo em nossos modos de representação e seus órgãos. É por meio das próprias coisas que parece ordenar-se um pensamento morfológico. O poeta jamais se apoiaria em conceitos, vazios ou não, que solucionassem o conflito de maneira unívoca.

Buscamos

> aquilo que é oculto, o que subjaz, do fundamento do fenômeno, quando se quer realmente ver e imitar o que se move em ondas vivas diante de nossa visão como um todo belo e não separado. A visão da superfície de um ser vivo confunde o observador e certamente pode-se aqui, como em outros casos, aplicar o seguinte dito verdadeiro: somente se sabe o que se viu antes! Pois, assim como um míope vê melhor um objeto do qual se afasta do que aquele do qual se aproxima, porque sua visão espiritual lhe vem em auxílio, assim a perfeição da intuição reside propriamente no conhecimento.[57]

O trajeto se configura de maneira circular: o conhecimento aperfeiçoa a intuição, que por sua vez é o fundamento do conhecimento. Ao observar um fenômeno natural, o que toma forma não é o fenômeno isoladamente, mas é o observador que se forma, ou

57 "Introdução aos Propileus", *Escritos sobre arte*, p. 99.

ainda, se aperfeiçoa juntamente com os eventos contidos no objeto observado. Isso se deve ao fato de a imaginação, enquanto ponto que agita as nossas faculdades, se aliar ao juízo que se aplica "ao exame das relações naturais ocultas[58]". O juízo é para Goethe uma faculdade que reúne os objetos da natureza e da arte sob regras que não se encontram necessariamente nas coisas, mas que coloca a operar seus modos de representação. Há nele o poder da distinção entre os particulares enquanto uma afinidade em relação às coisas singulares. O juízo busca encontrar em cada observado a sua singularidade, singularidade esta que o revela e que constitui a sua própria formação enquanto fenômeno. Assim adentramos, de algum modo, a faceta ligada ao infinito e sua forma.

É o juízo que irá libertar o sujeito dos constrangimentos impostos pela impossibilidade de conhecermos as coisas na natureza de forma objetivamente pura. Neste quadro a capacidade de julgar se coloca de maneira única, segundo Maria Filomena Molder, "porque procede da atualização de um movimento irresistível do espírito para a unidade, favorecido pelos atos imaginativos.[59]"

O ato de julgar tem de se aliar aos objetos, buscando ir além deles para integrá-los na cadeia dos acontecimentos da natureza. Não é ela, porém, que garante a comunicabilidade nas ciências; posto que a regra ou a lei

58 "Der Versucher als Vermittler von Objekt und Subjekt", DKV, v., p. 26.
59 MOLDER, M. F.; *O pensamento morfológico de Goethe*, p. 82.

da natureza nunca é dada nas coisas, mas na integração espiritual de nós mesmos com a natureza. Deixamos que os modos de representação e nossas capacidades se unam nesta faculdade especial. Tudo deve permanecer voltado à observação. Goethe não intenta esgotar, como um filósofo, as faculdades do espírito, mas teve de se manter atento ao pensar sobre o pensar e ao exame de seu próprio espírito: "Que quantidade de intuições e reflexões não realizei até que me aparecesse a ideia da metamorfose das plantas! Tal como minha viagem à Itália confiou aos amigos. [...] Ora movido por essas mesmas observações continuei a examinar-me[...]".[60]

Uma característica fundamental do método morfológico de Goethe é a de que o conhecimento científico não deve passar ao largo das faculdades do espírito. O olhar seria fruto de uma espécie de *morfologia do espírito*. Podemos perceber até aqui que isso não significa que o trabalho científico se baseie em um tipo de projeção subjetiva ou antropomórfica. O pensamento e o olhar devem ser disciplinados pelas formas para que se possa captar o que se apresenta em seus movimentos. Se fizéssemos uma abordagem que se pretenda totalmente objetiva das existências orgânicas iríamos perceber a impossibilidade de se avançar neste sentido, pois o "fenômeno não está separado do observador, antes pelo contrário, está como que deglutido e enredado na indivi-

60 "Estimulação importante mediante uma só palavra espirituosa", trad. Maria Filomena Molder, p. 67 de *A metamorfose das plantas*.

dualidade daquele"[61]. Se a investigação indicar os meios com os quais o sujeito se apropria dos fenômenos, no caminho de uma observação moderada, aí sim poderemos intentar uma observação da natureza.

O ideal aqui é aquele que Fausto exprime na cena "Floresta e gruta" onde ele retoma o espírito da terra:

> "Sublime Gênio, tens me dado tudo,
> Tudo o que eu te pedi. Não me mostraste
> Em vão, dentro do fogo, o teu semblante.
> Por reino deste-me a infinita natureza,
> E forças para senti-la, penetrá-la."[62]

O que esta passagem de *Fausto* parece exprimir é o dualismo existente entre sujeito e natureza, ou ainda, forças do espírito e infinitude da natureza. Assim como existem as forças da natureza, insondáveis por excelência, nós, imbuídos da investigação de nós mesmos nos tornamos conscientes do alcance de nossas forças.

Vejamos a seguinte carta a Jacobi, datada de 29 de dezembro de 1794:

> A matéria, como você sabe, é altamente interessante e exige uma tarefa do espírito da qual eu talvez não me afaste. Apreender os fenômenos, fixá-los no experimento, dispor as experiências e conhecer seus modos de representação; o primeiro tão atentamente, o segundo tão exatamente quan-

61 *Máximas e reflexões*; máxima 1224, p. 232.
62 *Fausto*, versos 3217 a 3221. Trad. Jenny Klabin Segall.

> to possível, e o terceiro exaustivamente e o quarto com a suficiente multiplicidade de enfoques que moldam o pobre 'eu', numa possibilidade que eu não tinha ideia ser possível. Assim um conhecimento do mundo pede que se sofra nessas etapas. Oh, meu amigo! Aqui estão os sábios, e aquilo que eles são![63]

A reunião dessas possibilidades e suas etapas em torno do fenômeno permitem que Goethe o veja, não só como um substrato existente entre o sujeito do conhecer e o ente observado, mas como um absoluto: "sobre o absoluto em sentido teorético não ouso falar, mas devo dizer que aquele que experimenta o absoluto no fenomênico e o conserva perante os olhos experimentará a partir daí muitas vitórias."[64] O absoluto aqui deve ser entendido como aquilo que não é relativo, que não possui nada de contingente. Devemos entender este absoluto fenomênico como algo que traga em si a razão de seu existir. É conveniente fazer um recuo e nos perguntar se Goethe pode ser pensado como alguém tributário de uma metafísica. Se pensarmos a metafísica como os enciclopedistas pensavam no século das luzes, ou seja, uma "ciência das razões das coisas" e supusermos, com eles, que "tudo tem sua metafísica e sua prática"[65], Goethe possui, sim, uma metafísica no sentido pré-crítico do termo. Neste quadro onde "a metafísica [diz respeito]

63 *Goethes Briefe*, Hamburger Ausgabe; V. 2, p. 190.
64 *Máximas e reflexões*; máxima 261, p. 66.
65 DIDEROT & D'ALEMBERT, *Enciclopédia*, verbete "Metafísica".

ao espírito"[66], como escreve D'Alembert, podemos dizer que Goethe, na busca por entender o seu método interior, não deixou de abordar tópicos que têm clara ligação com essa ciência, num sentido mais fraco. Pois é inegável que Goethe se dedicou ao estudo do espírito.

Mas enquanto homem ilustrado e pós-crítico, Goethe deve ter entendido a metafísica inserida também no contexto kantiano: "um conhecimento especulativo da razão completamente à parte que se eleva inteiramente acima das lições da experiência, mediante simples conceitos.[67]" Goethe não nos ajudou em tal impasse: "não se pode falar capazmente sobre muitos problemas das ciências naturais se não se pede ajuda à metafísica, mas não aquela que é a sabedoria das escolas ou a sabedoria das palavras: é antes aquela que antes, com e depois da física era, é e será.[68]"

A metafísica pode ser pensada como um procedimento que devido ao seu método restrito só pode ter efetividade na ciência da natureza. Para Ferdinand Weinhadl, "a filosofia de Goethe é metodologia da forma e metafísica da forma onde todo o transitório é apenas uma semelhança; não se deve despir o indefinido formal de sua definida metafísica.[69]" Poderíamos ir além e dizer, permanecendo afinados com Goethe, que jamais se diria dono de uma filosofia, que, se a metafísica

66 D'ALEMBERT; *Ensaio sobre os elementos da filosofia*, p. 17.

67 KANT, I., *Crítica da razão pura*, prefacio da segunda edição, B XIV.

68 *Máximas e reflexões*; máxima 546, p. 124.

69 *Die metaphysik Goethes*, p. VII.

está antes, com e depois da física, ela indica os passos do conhecer cientifico; mesmo aqueles que podem ser pressentidos, mas que não se nos apresentam: "No imensamente grande, assim como no imensamente pequeno (que apenas por meio do artístico se apresenta aos homens), procedem aparições metafísicas; no meio permanece o particular em nossos sentidos apropriados do qual dependemos"[70]. Entre essas aparições metafísicas se encontra o absoluto fenomênico. Um ente que, considerado como um ser que exista por si mesmo, está além da razão, da verdade e do erro. Tal categoria de objeto só pode existir no espírito daquele que investiga. Esta postura intermediária entre o imensamente grande e o infinitamente pequeno é o princípio propriamente científico: formas produzidas sob leis, pelas quais a figura deve produzir-se.

O absoluto na natureza é visto como um organismo em permanente mutação, inesgotável diante da observação: "Sistema natural: uma expressão contraditória. A natureza não possui um sistema, ela possui – ela é – vida e desenvolvimento[71]." É nesse ponto que permanece o investigador, sem poder avançar mais na direção, por um lado, do infinitamente grande (a natureza como um todo) e sem poder seguir, por outro lado, na direção do infinitamente pequeno (um fenômeno realmente

70 *Máximas e reflexões*; máxima 1225, p. 232. Na verdade, trata-se de um trecho de uma carta dirigida a Christian Gottfried Daniel Nees von Esenbeck de 24 de maio de 1827.
71 "Probleme", DKV, v. 24, p. 582.

isolado).

Há uma trama que se tece por detrás do fenômeno, esta trama é a trama das forças da natureza, que se deixa perceber em sua manifestação fenomênica. Mas não podemos parar no próprio fenômeno, e nem ignorá-lo; é sob esta tensão entre o fenômeno como ligado ao todo (ou seja, não isolado do todo do mundo orgânico) e da natureza como presente no fenômeno (não como força abstrata, mas como um agir que se percebe no devir do mundo) que se vai fundamentar o método morfológico de Goethe, partindo de um agir interior que possui uma afinidade com o agir das coisas na natureza[72], que em cada passo pode propiciar o nascimento pleno da heurística viva.

A natureza, enquanto geradora de formas e vida, "permanece para nós e para os outros um enigma"[73]. Goethe tentará solucionar este enigma de uma maneira muito particular, a saber, por meio da noção de símbolo: se na natureza nada ocorre que não esteja em relação íntima com a totalidade, e se a nossa experiência nos aparece somente de modo isolado, devemos considerar que o meio de nos elevarmos na direção ao universal se dá pelo símbolo onde "o particular representa o universal, não como sonho, mas como revelação viva e instan-

72 Como é indicado pela exigência de que o artista, enquanto um homem dotado das mesmas faculdades do naturalista, pode imitar a natureza "de dentro para fora" (*Escritos sobre arte*, p. 58).
73 *Máximas e reflexões*; máxima 391, p. 91.

tânea daquilo que não é investigável.[74]" Entender como simbólica a relação do homem com o mundo significa entender, em primeiro lugar, a condição de desigualdade entre nós e a natureza, e em segundo lugar admitir uma relação *mediata* com o mundo.

O simbólico é entendido como o meio que "transpõe o fenômeno em ideia e a ideia em imagem, de tal modo que a ideia permanece na imagem sempre infinitamente atuante e inalcançável e – mesmo que expressa em todas as línguas – se mantém inexprimível.[75]" Do ponto de vista da ciência natural, é a própria forma dos entes que permite que se pense em termos de um fenômeno como passagem de uma forma a outra, numa espécie de cadeia onde a ideia se manifeste simbolicamente na recepção das realidades individuais. A metamorfose, *a chave que tudo abre na natureza*, enquanto ideia pode ser apresentada como símbolo das infinitas possibilidades de formação das formas orgânicas. Não se trataria mais de classificar os feitos particulares da natureza à maneira de Lineu, mas sim de tentar, com as nossas potências da alma, estabelecer um elo com as potências da natureza, naquilo que elas apresentam corriqueiramente à exaustão, enquanto momento prolífero e simbólico da união do todo no particular. O que Goethe intenta é buscar um modo de ver que nos permita avançar naquilo que é oculto, não no todo da natureza, mas no

74 Máxima 314, p. 77.
75 Máxima 113, p. 213.

particular; dado que este, de certo modo, é um universal. Vejamos a distinção que Goethe faz de algumas sortes de símbolo: "Símbolos que são física e realmente idênticos aos seus objetos, tal como consideramos os fenômenos magnéticos que depois adotamos como terminologia nos objetos que a eles são afins", outra sorte é a dos símbolos "que são esteticamente e idealmente identificados com os objetos. A estes pertence toda a boa semelhança, mas devemos nos prevenir do engenho que não busca o que é afim, mas que aproxima da aparência o que não tem afinidade." Além de símbolos "que expressam uma referência que não é inteiramente necessária, mas que subjaz a uma certa arbitrariedade, que todavia remete a uma afinidade dos fenômenos, estes símbolos são mnemônicos no sentido superior, pois a mnemônica comum se serve de signos totalmente arbitrários." E "símbolos tomados das matemáticas, posto que também em sua base há intuições, podem ser idênticos aos fenômenos no sentido mais elevado.[76]"

O primeiro modo de símbolo demonstra a união plena entre o simbolizado e o que se busca simbolizar, a afinidade entre princípio e coisa. Já o segundo se sustenta na afinidade entre a alma e as coisas, como vimos na questão do ponto intermediário. O terceiro coloca em jogo, enquanto trata da memória, uma afinidade que não é posta no objeto, mas no juízo acerca do objeto, ou seja, a afinidade aqui é posta como mantendo

76 "Symbolik", DKV, v. 24, p. 144.

sua ligação com o modo genético onde a memória intenta colocar lado a lado as manifestações que nunca se apresentam como um todo: ele pressupõe uma eleição, uma ordem das coisas. No último, os símbolos são idênticos a seus objetos, porque a construção deles já é por si simbólica.

O que este trecho sobre a ordem dos símbolos nos mostra é que a heurística viva, apesar de toda a sua busca por um modo de expressar aquilo que nos surge no mundo objetivo, tem de necessariamente buscar um recurso humano. As nossas operações do espírito, que simbolizam poeticamente, são convocadas a se aliar ao olhar. Isso não é uma poetização da natureza, mas um operar que assuma uma posição onde "[o]s *elementos* dessas experiências de ordem elevada, onde muitas experiências individuais estão, podem ser investigados e examinados por qualquer um, e não será difícil julgar se diversas partes individuais podem ou não ser expressas por uma proposição geral, pois aqui não é possível nenhum tipo de arbitrariedade"[77]. Este simbólico, segundo Maria Filomena, "a que uma heurística viva pretende chegar, procede da impossibilidade de renunciar ao desejo de conceber aquela vida inconcebível"[78]. À pergunta sobre a natureza devemos acrescentar que "o que eu posso responder depende da causalidade interna e externa."[79]

77 "Der Versuch als Vermittler von Objekt und Subjekt", DKV, v.25, p. 34.
78 MOLDER, M.F.; *O pensamento morfológico de Goethe*, p. 371.
79 Carta a Carl Ernst Schubarth, de 2 de abril de 1818, *Briefe*, Ham-

Goethe buscou pensar não somente em formas já estabelecidas e delimitadas, mas também em formas atreladas ao devir e ao tempo. Por causa deste dinamismo, onde qualquer isolamento é impossível, a relação entre o particular e o universal não pode permitir nenhum tipo de subsunção estabelecida. Isto impede o uso dos métodos indutivo e dedutivo na abordagem das formas. Daí que podemos pensar que só estamos autorizados a estabelecer uma relação de representação. Uma relação simbólica que permite a ligação entre o sujeito do conhecer e seu objeto enquanto atuantes no devir. A simbólica pressupõe que "todo o fato é já teoria. O azul do céu manifesta-nos a lei fundamental da cromática. Escusamos de procurar seja o que for por detrás dos fenômenos: Eles mesmos são a doutrina".[80] Ou ainda, para reforçar, lembremos da seguinte declaração: "tudo que acontece é símbolo e, ao apresentar-se completamente a si próprio, aponta para o restante. Nesta observação parece-me residir a pretensão mais elevada e a mais elevada modéstia.[81]" Tal pretensão nada mais é do que o próprio projeto morfológico de Goethe, que, por sua tentativa, baseado em uma heurística viva, de abarcar a forma dos entes naturais enquanto individualidades que "se indicam a si mesmas, [que] aparecem

burger Ausgabe, v. 3 p. 424.

80 *Máximas e reflexões*; máxima 575, p. 130.

81 Carta a Carl Ernst Schubarth, de 2 de abril de 1818. Utilizei, para esta parte da carta, a tradução parcial feita por Maria Filomena Molder.

ao nosso sentido externo e interno[82]", reúne simbolicamente objetividade e subjetividade, tipo e ideia, olho e espírito.

82 "*Morphologie*", *Versuch zu einer Methodik*. DKV, v. 24, p. 349.

5

Goethe leitor de Kant – usos e abusos

Entender a apropriação que Goethe fez dos textos de Kant é um caminho de dupla perspectiva. Insere-se tanto na história da recepção imediata da filosofia crítica de Kant, quanto na peculiaridade das premissas do classicismo de Weimar e de sua busca por objetividade. Difundiu-se a ideia de que a filosofia crítica foi abordada por Goethe graças a Schiller, embora pensadores do calibre de um Cassirer tenham professado muito contra essa visão. Tal ideia se deve, provavelmente, ao fato de Schiller ter pouco a pouco entrado, ainda que em um escalão secundário, na história da filosofia enquanto pensador pós-kantiano ou, como outros advogam, pré-hegeliano; ao passo que Goethe, por sua postura por vezes antifilosófica, nem sempre tenha gozado da mesma simpatia entre os estudiosos da história da filosofia. O que podemos afirmar é que ao projeto morfológico de Goethe foi de grande auxílio uma série de elementos tomados da obra de Kant. Dessa apropriação e deturpação surgiram muitos elementos da formação de um método morfológico.

Goethe menciona, em uma carta datada de 25 de outubro de 1790, a *Crítica do juízo* nos seguintes termos "O livro de Kant me alegrou muito, eu que me senti enovelado por seus trabalhos anteriores. A parte teleológica me interessou mais do que a estética.[1]" Essa carta parece exprimir o início do que Goethe chamou de "uma das épocas mais felizes de [sua] vida[2]", ou seja, a época em que descobriu a terceira crítica – que antecede em alguns anos ao período de aliança com Schiller. O interessante é notar que a apreciação da segunda parte da *Crítica do juízo* como a mais interessante vai contra a apreciação geral da obra. O próprio Kant se referiu a ela do seguinte modo:

> Numa crítica da faculdade de julgar, a parte que trata da faculdade de julgar estética é essencial, porque só esta contém um princípio que a faculdade de julgar coloca absolutamente *a priori* no fundamento de sua reflexão sobre a natureza, a saber, o princípio de uma finalidade formal da natureza segundo as suas leis particulares (empíricas) para a nossa faculdade de conhecer, finalidade sem a qual o entendimento aí não se encontraria.[3]"

A leitura que Goethe fez de Kant não se deu de ma-

1 Carta a Johann Friedrich Reichardt, *Goethes Briefe*, v. 2, p. 132.

2 "Erwirkung der neueren Philosophie", DKV, v. 24, p. 444.

3 Akademie Textausgabe, V, p.193, trecho retirado de *Organismo e sistema em Kant*, de António Marques, p. 34.

neira unívoca, e não se atrelou à recepção imediata que se fez da filosofia crítica. Ela não se pretendia fiel à obra kantiana. A maior das afinidades será sempre colocada em relação à *Crítica do juízo*, pois nela Goethe viu suas "ocupações mais díspares postas lado a lado, o testemunho da arte e da natureza tratados da mesma maneira, o juízo estético e o juízo teleológico iluminando-se alternadamente.[4]" A concordância com o modo de tratar as mais díspares ocupações do poeta não implica em dizer que apenas após a leitura de Kant ele pôde ver postas lado a lado arte e natureza. Devemos lembrar que, desde a mais tenra juventude do poeta, arte e natureza caminham juntamente. O que se ganha em relação ao ver mais preciso em um desses mundos de existências infinitas não deixa de se efetivar nas observações do outro campo. Até o momento que nomeamos de renascimento de Goethe em solo italiano, tais condutas não tinham nenhum tipo de amparo filosófico para além de uma leitura cheia de especificidades da *Ética* de Espinosa. É no contato com a filosofia crítica que Goethe pôde ver seus ímpetos teóricos organizados e postos de maneira a demonstrar uma espécie de matriz comum entre eles: o juízo enquanto "a faculdade de pensar o particular como contido no universal"[5].

Podemos pensar, nesse sentido, que em Goethe a mesma faculdade de julgar, ou juízo, como faculdade re-

4 "Erwirkung der neueren Philosophie", DKV, v. 24, p. 444.
5 "Introdução à Crítica do Juízo", p. 23.

solutiva, esteja na base de muitos dos questionamentos morfológicos, pois é exatamente essa interação entre universal e particular que se configura como um dos maiores entre os questionamentos. Haverá ainda grandes diferenças entre os dois; se para ambos o particular está ligado ao universal, para o poeta este pensamento é elevado ainda a uma segunda etapa: o universal contido no particular efetivamente, o particular como contendo traços do universal, a experiência contendo a ideia; o particular enquanto símbolo é tomado como ponto de concentração de afinidades e analogias do universal.

Apesar de ter se tornado célebre como um pensador das artes, não foi na primeira parte, sobre o juízo estético, que Goethe viu a maior concordância com o filosofo de Königsberg: a segunda parte acerca do juízo teleológico foi o lugar onde Goethe se sentiu contemplado. O poeta, é claro, sabia da importância da *Crítica da razão pura*, onde, segundo ele, Kant "chamou-nos a atenção para o fato haver uma crítica da razão e que esta – a mais alta– faculdade que o homem possui tem capacidade para vigiar-se a si mesma." Ainda assim ele parece insatisfeito com aquilo que a primeira parte da terceira crítica teria atingido: "Eu, porém, desejaria no mesmo sentido propor como tarefa uma Crítica do gosto, necessária para que a arte em geral, especialmente a alemã, possa de algum modo recuperar-se e avançar para diante acompanhando jubilosamente a vida"[6].

6 *Máximas e reflexões*; máxima 468, p. 110.

Goethe não pretende aqui retornar a uma estética do gosto enraizada no sujeito, mas gostaria de ver o gosto – enquanto "regra que tem de ser fundada a priori, por que enuncia a *necessidade*, portanto, também a validade para todos no modo como a representação de um objeto deve ser julgada em referência ao sentimento de prazer [7]" – sendo limitado em relação aos seus objetos e seus poderes, assim como a razão. O problema colocado pela preferência pela segunda parte da *Crítica do juízo* é o do diferente papel da arte no universo de referências dos dois autores. A questão é colocada por Kant no sentido de um juízo acerca de um objeto, ou seja, de um princípio *a priori*: "O julgamento de um objeto pelo gosto é um juízo sobre a concordância ou o conflito da liberdade no jogo da imaginação e da legalidade do entendimento, e diz respeito apenas à forma de julgar esteticamente (unificabilidade das representações sensíveis) e não aos produtos nos quais ela é percebida.[8]"

Há grandes diferenças entre as intenções de Goethe e Kant. Para o último, seguindo Gérard Lebrun:

> A tarefa da *Crítica do Juízo* é, portanto, essencialmente sistemática: trata-se, com o auxílio de certos juízos aparentemente empíricos, de detectar a presença de uma faculdade de julgar *a priori*. Se se supõe que a obra foi suscitada pelo interesse dirigido ao belo, é impossível compreender sua meta e seu método. A meta: 'o exame do gosto não é

7 *Antropologia de um ponto de vista pragmático*, p. 138 e 139.
8 Ibid., p. 138.

> empreendido aqui em vista da formação e cultura dessa faculdade..., mas apenas em vista de um fim transcendental' (V,170). Quanto ao método, ele será uma análise de essências, mais rigorosa na medida em que nos aventuramos em um terreno onde, como em moral, a observação empírica a todo momento arrisca falsear as distinções transcendentais.[9]

Goethe, diante de suas preocupações em relação ao juízo, que se afastam de qualquer intenção sistemática, gostaria de ver melhor indicado o problema da recepção da obra de arte, de ter visto o papel das artes elevado a outra esfera e ver indicada a sua história. Para ele, embora Kant tenha trabalhado muito bem muitos assuntos, houve um tratamento "insuficiente da arte"[10].

Mas, se na parte sobre o *juízo estético* Goethe não sentiu grande afinidade com Kant, no que se refere ao *juízo teleológico*, há uma ligação inconsciente e anterior a essa época feliz com a filosofia crítica: "Kant nunca tomou conhecimento de mim, embora eu tenha, por impulso próprio, seguido um caminho paralelo ao seu. *A metamorfose das plantas* foi escrita antes de eu ter qualquer notícia de Kant, e, ainda assim, está em harmonia com sua doutrina."[11] Como aponta Cassirer[12], esta frase pode ser recebida com muita estranheza, mas,

9 *Kant e o fim da metafísica*, p. 403.
10 Conversa com Eckermann de 11 de abril de 1827.
11 Ibid.
12 "Goethe and the Kantian Philosophy", *Rousseau, Kant, Goethe*, p. 61.

se observarmos os textos de morfologia atentamente, ela não pode nos surpreender. O primeiro ponto a ser estabelecido como afinidade entre os dois é o afastamento das causas finais. O juízo teleológico, onde Kant busca demonstrar a possibilidade de "realizar uma experiência articulada a partir de percepções dadas de uma natureza, contendo uma multiplicidade infinita de leis empíricas[13]", serviu de amparo para a teoria da metamorfose de Goethe que se via, num momento posterior à *Metamorfose das plantas*, numa busca por validar a possibilidade de uma experiência efetiva no campo das naturezas orgânicas.

Essa possibilidade de um juízo acerca da natureza do ponto de vista subjetivo, onde a faculdade do juízo "prescreve uma lei, não à natureza (como autonomia), mas sim a si própria (como heautonomia) para a reflexão sobre aquela, lei que se poderia chamar de especificação da natureza[14]", estava mesmo em consonância com alguns postulados de Goethe, pois ele mesmo não sentia a possibilidade de entrada plena do observador no círculo íntimo da natureza. Para ele, só é possível adentrar essas relações mais profundas se lidamos com algum elemento, digamos, plástico ou poético. Temos de lançar mão de símbolos que têm origem na nossa percepção das coisas. Embora se saiba que eles nunca trazem em si a própria natureza.

13 *Crítica da faculdade de julgar* XXXV, p. 28.
14 Ibid., XXXVIII, p. 30.

Na sua apropriação da filosofia crítica, essa forma de juízo que permite olhar para a natureza como passível de compreensão não poderia ferir a sua infinitude. Assim, o poeta recebia a noção de um juízo reflexionante. Tal juízo busca a regra, mas não encontra, seria para Goethe algo que auxiliaria em sua busca de ascender do particular para o universal, ainda que não se possa subsumir regra alguma. Tais indicações poderiam, sem grande dificuldade, ser relacionadas com a maneira de operar diante da metamorfose das plantas e alguns de seus postulados. A base da teoria da metamorfose das plantas, como vimos, é a afinidade entre casos particulares, quer entre existências particulares, quer entre os movimentos interiores dessas existências orgânicas, ou ainda, como afinidades existentes em todas as partes formativas de um organismo. Isso não era algo que pudéssemos perceber diretamente pelos sentidos, mas se encontrava como postulado primeiro para pensarmos a parte em relação ao todo, o individual em relação ao múltiplo.

Este conceito não se encontra efetivado nas ações da natureza, mas se constrói buscando reduzir um ente particular, por exemplo, a planta, a um reino que obedece a regras. A afinidade que está nessa base é uma espécie de derivação peculiar de Goethe em relação ao juízo teleológico. Não devemos entender tal afinidade e sua relação com o organismo (enquanto algo que é em si um fim e uma causa interior a si mesmo) como algo que pertença a ele. Ela deve ser pensada a propósito da relação do observador com os organismos. A afinidade se coloca como que para validar cientificamente um caso particular, enquanto contido no universal. Trata-se de uma especificidade que não pode ser colocada como predicado nos seres mesmos.

A afinidade nos é apresentada na "Segunda dedução dos conceitos puros do entendimento" como o "princípio de possibilidade de associação do diverso, na medida em que o diverso repousa no objeto, chama-se *afinidade* do diverso[15]". Seguindo adiante na explicação, Kant diz: "Pergunto, portanto, como tornais compreensível a afinidade universal dos fenômenos? (...) Ora a representação de uma condição universal, segundo a qual um certo diverso pode ser posto chama-se *regra,* e se esse diverso *deve* ser assim posto chama-se lei. Todos os fenômenos estão, pois, universalmente ligados, segundo leis necessárias e, por conseguinte, numa afinidade transcendental da qual a afinidade empírica é mera consequência.[16]"

Pressupõe-se que

> a natureza mesma explicita suas leis transcendentais segundo algum princípio. E esse princípio não pode ser nenhum outro que o da adequação à faculdade do próprio Juízo, de, na imensurável diversidade das coisas segundo leis empíricas possíveis, encontrar suficiente afinidade destas, para trazê-las sob conceitos empíricos e estes sob leis mais universais, e assim poder chegar a um sistema empírico da

15 *Crítica da Razão Pura*, A113, p. 154.
16 Ibid., A114, p. 155.

natureza.[17]

Goethe concordaria que "parece, na verdade muito estranho e absurdo que a natureza se regule por nosso princípio subjetivo da apercepção, e mesmo deva depender dele, relativamente à conformidade a leis.[18]" A natureza enquanto "uma multidão de representações no espírito"[19] deve ser conhecida. Existe um passo decisivo, para Goethe, dado por Kant: o de colocar a experiência possível em "três fontes primitivas (capacidades ou faculdades da alma) que encerram as condições de possibilidade de toda experiência possível e que por sua vez não podem ser derivadas de qualquer outra faculdade do espírito; são os sentidos, a imaginação e a apercepção"[20]. Essa delimitação do sujeito em relação aos objetos foi para Goethe a grande contribuição da filosofia crítica. Ao definir as fontes primitivas de toda experiência Kant, no entender do poeta, fez girar o espectador na sua relação com a natureza, tornando-o uma espécie de aparato cognoscente imaginativo. Dentre essas fontes, o autor de *Fausto* parece ter centrado fogo na imaginação como condição de experiência. Goethe percebeu que em Kant a faculdade da imaginação estava dotada de uma liberdade criadora, que a tornava uma espécie de faculdade perfeita para fazer mover as outras

17 Primeira introdução à *Crítica do juízo*, V, edição brasileira p. 51.
18 *Crítica da razão pura*, A114, p. 155.
19 Ibid.
20 Ibid., A 94, p. 125.

faculdades do sujeito.

Tal ponto, crucial para Goethe, se tornará mais claro se avançarmos para a terceira crítica, onde essa faculdade é tomada, primeiro, como reprodutiva, sujeita a leis de associação, e não livre; e depois

> como produtiva e espontânea (como autora de formas arbitrárias de intuições possíveis); e embora na apreensão de um dado objeto dos sentidos ela, na verdade, esteja vinculada a uma forma determinada deste objeto e nesta medida não possua nenhum jogo livre (como na poesia), todavia ainda se pode compreender bem que precisamente o objeto pode fornecer-lhe uma tal forma, que contém uma composição do múltiplo, como a faculdade da imaginação – se fosse entregue livremente a si própria – projetá-la-ia em concordância com o entendimento.[21]

Para Goethe é desta imaginação que depende todo o seu projeto morfológico. Isso não poderia ser admitido por Kant, pois para ele o entendimento "ele próprio é a legislação da natureza, isto é, sem entendimento não haveria em geral natureza alguma, ou seja, unidade sintética do diverso nos fenômenos segundo regras; na verdade os fenômenos como tais não podem ser encontrados fora de nós, mas existem na nossa sensibilidade"[22].

Goethe manteve a distinção kantiana entre razão e entendimento, mas para ele não haveria a possibilidade

21 "Observação geral sobre a primeira seção da analítica", *Crítica da faculdade de julgar*, p. 86.
22 Ibid., a 127.

de a razão ser pensada como uma faculdade, ou potência, ligada ao reino dos fins. Como nos aponta Maria Filomena Molder, "embora ele tenha se apropriado dessa distinção crítica, acentuando a inaptidão inerente ao intelecto lógico-discursivo para se adaptar aos particulares, às manifestações, ou harmonizá-las entre si, e prolongando a concepção transcendental de razão como princípio de totalidade"[23]. A razão, no entanto, destina-se a, em comunhão com a imaginação, estabelecer as ideias. A imaginação propaga-se sobre todas as outras capacidades, ela é o que movimenta o espírito, e só por meio dela é que o nosso aparato cognitivo é chamado a se mover. A imaginação, diz ele,

> substitui a sensibilidade sob forma de memória, apresenta ao entendimento a visão de mundo sob a forma da experiência, configura ou encontra formas para as ideias da razão e anima, deste modo, a totalidade humana, a totalidade da unidade humana, que sem ela deveria mergulhar na inépcia desoladora. Ora, se a imaginação presta tal serviço às suas três faculdades irmãs [sensação, entendimento e razão], em contrapartida, só se introduz no reino da verdade e da realidade através destas amáveis parentes"[24].

A imaginação tem o seu poder elevado, quer para Goethe quer para Kant. Goethe não está aqui deturpando a filosofia crítica em nome de sua morfologia.

23 Molder, M.F., *O pensamento morfológico de Goethe*; p. 76.
24 *Briefe*, Hamburger Ausgabe, v.3, p. 384. Utilizo aqui da tradução de M. F. Molder, em *O pensamento morfológico de Goethe*, p. 81.

Kant na terceira crítica afirma:

> a faculdade da imaginação (enquanto faculdade de conhecimento produtiva) é mesmo muito poderosa na criação como que de uma outra natureza a partir da matéria efetiva que a natureza lhe dá. Entretemo-nos com ela sempre que a experiência pareça-nos demasiadamente trivial; também a remodelamos de bom grado, na verdade sempre ainda seguindo leis analógicas, mas segundo leis analógicas, mas contudo segundo princípios que se situam mais acima da razão.(...) Tais representações da faculdade da imaginação podem chamar-se ideias, em parte porque elas pelo menos aspiram a algo situado acima dos limites da experiência, e assim procuram aproximar-se de uma apresentação dos conceitos de razão, o que lhes dá uma aparência de realidade objetiva.[25]

Goethe não terá problemas em distender e dilatar tal conceito, ele não atentou para o fato de que Kant, no decorrer de seu projeto crítico, evitou o uso de ideias como princípios constituintes da realidade. Ao notar que as ideias, mesmo que sejam somente as estéticas, são referidas "a um princípio subjetivo da concordância das faculdades de conhecimento entre si (da imaginação e do entendimento)[26]", o poeta falou mais alto que o pensador. Para o poeta, a ideia é uma espécie de pensamento imanente; a ideia é e se mantém como uma estranha atividade e efetividade. A imaginação, a plasti-

25 *Crítica da faculdade de julgar*, §49, p. 159.
26 Ibid., Observação I, p. 187.

cidade do pensamento das existências orgânicas, é capaz de tornar móveis as percepções e as imagens lembradas lado a lado, elevando o plano geral destas ao plano da ideia: "a natureza e a ideia não se deixam separar sem que a vida, tal como a arte, seja destruída.[27]"

Entre a natureza das coisas e nossas experiências, pode nascer, por meio da imaginação como ponto intermediário de nossas faculdades, uma ideia. Goethe avançará na leitura da terceira crítica e nela verá algo que vem ao encontro de sua tentativa de assimilar a infinitude do mundo de alguma maneira. Kant escreveu: "A prova de nossos conceitos requer sempre intuições (...) se se pretende que seja provada a realidade objetiva dos conceitos de razão, isto é das ideias e, na verdade com vistas ao conhecimento teórico das mesmas, então se deseja algo impossível, porque absolutamente nenhuma intuição pode ser-lhes adequada."[28] Aqui entra em jogo a questão fundamental, para Goethe é claro, da primeira parte da terceira crítica: os símbolos devem conter uma relação indireta do conceito, ou seja, uma relação mediata. O conceito racional de substrato suprassensível de todos os fenômenos em geral "é já quanto um conceito indemonstrável e uma ideia da razão"[29].

Goethe tentará delimitar esse substrato, que será apresentado por ele como o fenômeno puro, ou seja, aquele que não se pode ver, ou ainda, que não é passível de ne-

27 *Máximas e reflexões*, máxima 1071, p. 208.
28 *Crítica da faculdade de julgar*, §59, p. 196.
29 *Crítica da faculdade de julgar*, §59, p. 196.

nhuma intuição. Este tipo de fenômeno é o que delimita o sujeito e suas faculdades em relação ao empiricamente casual, eliminando todas as impurezas. O autor de *Afinidades eletivas* busca assimilar a noção de figura simbólica, nos termos kantianos, ou seja, um fenômeno extraído da frequência dos observáveis, mediante uma analogia, "na qual o juízo cumpre uma dupla função: primeiro aplicar o conceito ao objeto de uma intuição sensível e então, segundo, de aplicar a simples regra da intuição a um objeto, do qual o primeiro é somente um símbolo.[30]" Em um texto seu sobre o fenômeno primordial, Goethe coloca a possibilidade de esse tipo de fenômeno ser simbólico. Isso se daria devido a sua vocação de compreender analogicamente todos os casos[31]; a particularidade sensível poderia manifestar, em seus estreitos limites, o universal, que não é dado na intuição.

É claro que Kant, quando escreve sobre o simbólico, se refere, em grande parte, à moral, como o título do §59 evidencia: "Da beleza como símbolo moral". Mas Goethe sempre faz uma apropriação notadamente abusiva de Kant. Vejamos a seguinte passagem da terceira crítica analisada por Goethe:

> Ora nós podemos também pensar um entendimento que – já que ele não é como o nosso, discursivo, mas sim intuitivo – vai do universal sintético (da intuição de um todo como tal) para o particular, isto é do todo para as partes.

30 Ibid.
31 *Máximas e reflexões*, máxima 1369, p. 259.

> (...) Aqui não é necessário demonstrar que seja possível um tal *intellectus archetypus*, mas simplesmente que nós somos conduzidos àquela ideia (de um *intellecus archetypus*) pelo contraste de nosso entendimento discursivo, que necessita de imagens (*intellectus ectypus*), e com a contingência de uma tal constituição tampouco tal ideia não contém contradição alguma. [32]

Tal passagem é mencionada em um texto de Goethe chamado "Juízo intuitivo"[33] onde ele dizia que este homem [Kant] "valoroso procedia de um modo travesso e irônico, por um lado ele parece esforçar-se em fixar os mais estreitos limites das faculdades do conhecer, por outro lado ele mesmo parecia apontar de sobrolho para além dos limites que havia assinalado."[34] Goethe vai deturpar essa visão que em Kant se estabelece num outro sentido para efetivar a sua noção de um juízo intuitivo. Ele admite "que o autor alude, provavelmente, a um entendimento divino"[35], que vai diretamente da intuição do todo para o particular, que visa um tipo de inteligência que não encontre limites na relação com a natureza. Diante dessa possibilidade, Goethe vai indicar a existência não só de um conhecimento intuitivo, mas também de um juízo intuitivo que surgiria do prolífero encontro do olhar com um fenômeno natural.

32 *Crítica da faculdade de julgar*, §77, p. 248-249.
33 "*Anschauende Urteilskraft*".
34 *Op. Cit. DKV, v. 24 p.* 447.
35 Ibid., p. 447-448.

Se o juízo busca por regras que não estão nas coisas, é ele que, segundo Goethe, vai tentar transpor o limite estabelecido pelo conhecimento lógico-discursivo, um conhecimento que permita a "contemplar a natureza eternamente criadora, e nos torne dignos de uma participação espiritual em suas produções."[36] Esta faculdade de julgar intuitiva se encarregaria de nos conduzir na direção dos fenômenos originários, não de modo que um fenômeno de tal sorte se encontrasse contido nas representações, mas no de uma relação interior que busca por uma efetivação no reino das existências orgânicas. Esta faculdade de julgar estaria intimamente ligada à faculdade da imaginação. Essa faculdade, não discursiva do julgar intuitivo, permitiria que, em um relance, a regra "espiritual" se fizesse sentir. O movimento do espírito se elevaria pouco a pouco em direção à ideia. Essa faculdade estabeleceria a possibilidade da pressentida regra.

Em associação clara com a faculdade de imaginar, a singular faculdade de julgar permitiria que pensássemos símbolos que poderiam, de maneira mediada, apresentar realidades efetivas no todo da natureza como formas percebidas por nós. Não se estaríamos a conceituar no campo do absoluto, mas, para Goethe, trata-se da possibilidade de incluirmos o absoluto no fenômeno. É por meio desta deturpação que Goethe irá almejar uma compreensão de cunho tipológico. Se em Kant nos é permitida a ideia deste entendimento intuitivo, em

36 Ibid.

Goethe se inverterão os comandos e se poderá dizer que, munidos do juízo intuitivo, aliado à faculdade da imaginação, podemos extraviar-nos da circunscrição imposta pelo discurso cientifico e levar a nossa razão a buscar as ideias subjacentes aos fenômenos.

O símbolo, como fruto desta ação, terá de anunciar a possibilidade de transposição do abismo existente entre nós e os fenômenos. Goethe intenta, acreditando-se amparado por Kant, idear a figura do modelo originário que "tenha sua representação conforme a natureza"[37]. Pois existiria uma incongruência entre ideia e experiência, como buscou atestar em seu texto "Considerações e resignação[38]", onde ele alega ser irresistível a ideia "segundo a qual Deus na natureza e a natureza em Deus, de eternidade em eternidade, podem criar e agir.[39]" Esta ideia, só poderá ser concebida por analogia, assim como em Kant os seres orgânicos só são conhecidos por analogia com a organização do objeto técnico.

Podemos pensar que a metodologia morfológica só pôde vigorar durante as décadas subsequentes graças a um proposital desvio das teorias de Kant. Não se trata de uma leitura que busque entender as estruturas elaboradas por Kant, mas de uma apropriação que leva a postulados que não são autorizáveis pela filosofia crítica. Sua noção de símbolo e de inteligência não discursiva permitiram que Goethe adentrasse mais uma

37 *Op. cit.*, DKV, v. 24 p. 447-448.

38 *Bedenken und Ergebung.*

39 *Op. cit.*, DKV, v. 24 p. 449.

vez as operações do espírito e visse a necessidade de um treino em relação aos objetos e sua objetividade.

Se em Kant a relação entre ideia e experiência se dava de modo regulativo, em Goethe ocorrerá a transposição desta limitação, colocando essa relação em termos de um símbolo ou uma analogia. Goethe não intentou com isso penetrar em searas profundas da vida secreta da natureza, mas apenas manter, a um só passo, a dignidade da "grande mãe" e a atividade do observador. Ele parece ter ficado satisfeito em abordar a natureza enquanto um símbolo: "A mais perfeita alegria do homem pensante é a de ter investigado o investigável e de calmamente venerar o não investigável."[40]

Portanto, todo o trajeto pelas calendas da filosofia crítica intentava, através de um reconhecimento de leis que se estabeleçam simbolicamente, por meio da observação dos fenômenos, poder trafegar "de uma figura a outra, e ao observar[...]naturezas mais ou menos aparentadas, nos elevamos acima de todas elas a fim de visualizar seus traços característicos em uma imagem ideal.[41]" Para poder trafegar entre essas naturezas e delas extrair o seu ideal, simbólica ou artisticamente, Goethe teve de se haver com a filosofia crítica. Quando o fez, fez sob o intento de explorar as potencialidades do observar, para sempre retornar ao ver. Para isso, ele teve de estabelecer melhor a relação do olhar com as capacidades

40 *Máximas e reflexões*, máxima 1207, p. 229.
41 "Propileus – Introdução", *Escritos sobre arte*, p. 100.

do espírito. Nesta relação o poeta tomou emprestado termos e concepções provenientes da filosofia de Kant. Ainda assim, não podemos considerá-lo kantiano. Se ele transita pelas operações do espírito não é para avançar positivamente na feitura de uma ciência que se projete para além de seus limites, mas o intuito é sempre o de delimitar o espectador para que este, munido de olho e espírito, possa cada vez mais se aproximar de uma representação apropriada dos objetos. Ao lado de todas as afinidades possíveis, Goethe não pôde negar que sua relação com a filosofia de Kant era a de um leitor que se apropria dela fazendo "um consumo doméstico"[42].

Portanto, como aponta Cassirer, em seu ensaio "Goethe e a filosofia kantiana", seria mesmo um equívoco tentar colocar Goethe em uma história da filosofia, pois o autor já foi relacionado com muitas das correntes filosóficas existentes, de Platão a Schelling, passando por Plotino, Espinosa, Leibniz, Shaftesbury, Kant entre outros. Como diz Nisbet em *The Cambridge Companion to Goethe*: "Goethe não foi filósofo nem teólogo, mas poucos poetas de qualquer era ou cultura podem rivalizar com ele na amplitude de conhecimento da filosofia e da religião"[43]. Não ser filosofo, não quer dizer que a filosofia não esteja presente em sua obra.

O uso da filosofia por Goethe não se deu de maneira unificada e tampouco uniforme. Não há nele uma clara

42 "A influência da nova filosofia", in *Metamorfose das plantas*, p. 66 da tradução portuguesa.
43 "Religion and Philosophy", p. 231.

adesão às correntes modernas da filosofia. O autor se aproxima e se afasta da tradição ilustrada alemã, resistindo a um discurso filosófico que transcenda os objetos e suas manifestações. Apesar de nem sempre buscar uma clara adesão ao senso comum, há em seus textos uma tentativa de elucidar seu método e sua abordagem da natureza e das artes. O caminho escolhido por ele se deu mais em concordância com a dignidade de seus objetos do que com qualquer sorte de fator teórico e sistemático. É exatamente na estranha postura de Goethe, onde ao lado de um combate à filosofia figuram adesões pontuais a sistemas filosóficos, que residirá grande parte do que podemos chamar de filosofia em Goethe, embora não devamos pensar uma filosofia de Goethe. Sua intenção sempre foi a de aproximar o olhar e o mundo das formas.

Bibliografia

ARMINE, F. *Goethe and the sciences: a reapraisal.* Boston: D. Reidel Publishing Company, 1987.

BAKTIN, M. *Estética da criação verbal.* Tradução de Paulo Bezerra. São Paulo: Martins Fontes, 2003.

BOESCH, B. (org.). *História da Literatura alemã.* Tradução sob orientação de E. Theodor. São Paulo: Editora Herder, 1967.

BORCHMEYER, D. *Weimarer Klassik.* Köln: Beltz Athenäeum, 1998.

BOYLE, N. *Goethe the poet and the age – The poetry of desire (1749-1790).* Oxford: Oxford University Press, Oxford, 1991.

CASSIRER, E. *El problema del conocimiento IV.* Tradução de Wenceslao Roces. México D. F.: Fondo de cultura económica, 1998.

——. *Idee und Gestalt.* Darmstadt: Wissenschaftliche Buchgesellschaft, 1971.

——. *La filosofia de la ilustracion.* Tradução de Eugenio Imas. México D. F.: Fondo de cultura económica, 1997.

——. *Rousseau, Kant, Goethe – two essays.* Tradução de J. Gutmann, P. O. Kristeller e J. H. Randall JR. New Jersey: Princeton University Press, 1970.

CONRADY, K. O. *Goethe – Leben und Werke.* Düsseldorf: Patmos, 2006.

CUYO, U. *Goethe 1749-1949.* Mendoza: Universidad de Cuyo, 1949.

D'ALEMBERT, J.R. *Ensaio sobre os elementos de filosofia.* Tradução de Beatriz Sidou. Campinas, 1994.

DANCKERT, W. *Goethe – Der Mythische urgrund seiner Weltschau.* Berlin: Walter de Gruyter, 1951.

DYLTHEY, W. *De Leibniz a Goethe.* Tradução de José Gaos. Pánuco: Fondo de Cultura Económica, 1945.

ECKERMANN, J.P. *Conversaciones con Goethe.* Tradução de Francisco Ayala. Barcelona: Oceano grupo editorial, 1990.

ESPINOSA, B. *Ética.* Tradução de Joaquim de Carvalho, in Os Pensadores vol. XVII. São Paulo: Abril cultural, 1973.

GOETHE, J. W. *A metamorfose das plantas,* Tradução de Maria Filomena Molder. Lisboa: Imprensa Nacional – Casa da moeda, 1993.

——. *As afinidades eletivas.* Tradução de Erlon J. Paschoal. São Paulo: Nova Alexandria, 1993.

——. *Ästetische Schriften (1771-1805).* Sämtliche Werke. Briefe Tagebücher und Gespräche, v. 18. Frankfurt am Main: Deutscher Klassiker Verlag, 1998.

——. *Campaigne in Frankreich – Belagerung von Mainz.* Stuttgart: Reclam, 1972.

——. *Diarios y anales* (2 v.). Tradução de Rafael Cansinos Asséns. Barcelona: Editorial Nexos, 1986.

GOETHE, J. W. *Doutrina das cores*. Tradução de Marco Giannotti. São Paulo: Nova Alexandria, 1993.

——. *Erótica Romana*. Tradução de Manuel Malzbender. Lisboa: Cavalo de ferro editores, 2005.

——. *Escritos de arte*. Tradução de Miguel Salmerón. Madrid: Editorial Sintesis, não datado.

——. *Escritos sobre arte*. Tradução de Marco Aurélio Werle. São Paulo: Imprensa Oficial/Ass. Editorial Humanitas, 2005.

——. *Escritos sobre literatura*. Tradução Pedro Süssekind. Rio de Janeiro: Editora 7 letras, 2000.

——. *Essays on art and literature*. Tradução de Ellen von Nardroff e Ernst von Nardroff. New Jersey Princeton Unversity Press, 1994.

——. *Faust* (2 v.). Stuttgart: Reclam, 1986.

——. *Fausto*. Tradução de João Barrento. Lisboa: Relógio D'Água, 2000.

——. *Fausto*. Tradução de Agostinho d'Ornellas. Lisboa: Relógio D'Água, 1996.

——. *Fausto*. Tradução de Jenny Klabin Segall. São Paulo: Editora 34, 2004.

——. *Gedichte in zeitlicher Folge* (2 v.). Wiesbaden: Insel Verlag, 1978.

——. *Goethe: Briefe, Tagebücher, Gespräche*. (CD Rom). Berlin: Digitale Bibliotheke, 2000.

——. *Goethe e Schiller companheiros de viagem*. Tradução Cláudia Cavalcanti. São Paulo: Nova Alexandria, 1993.

——. *Goethes Briefe*. Hamburger Ausgabe (4 v.). Hamburg: Christian Wegner Verlag, 1965.

——. *Italienische Reise* (2 v.). Sämtliche Werke. Briefe Tagebücher und Gespräche, v. 15. Frankfurt am Main: Deutscher Klassiker Verlag, 1993.

——. *Máximas e reflexões*. Tradução de Afonso Teixeira da Mota. Lisboa: Guimarães Editores, 1997.

——. *Memórias: poesia e verdade* (2v.), Tradução de Leonel Vallandro. Brasília: Editora Hucitec/EdUNB, 1985.

——. *Os anos de aprendizagem de Wilhem Meister* (2 vol.). Tradução de Paulo Osório de Castro. Lisboa: Relógio D'Água Editores, 1998.

——. *Os sofrimentos do jovem Werther*. Tradução de Marcelo Backes. Porto Alegre: L&PM Editores, 2001.

——. *Poemas*, Tradução de Paulo Quintela. Coimbra: Universidade de Coimbra, 1949.

——. *Prometeu - Fragmento poético*. Tradução de Paulo Quintela. Coimbra: Universidade de Coimbra, 1955.

——. *Sämtliche Werke Band* 9. Zürich: Artemis-Verlags, 1949.

——. *Schriften zur allgemeinen Naturlehre, Geologie und Mineralogie*. Sämtliche Werke. Briefe Tagebücher und Gespräche, v. 25. Frankfurt am Main: Deutscher Klassiker Verlag, 1998.

GOETHE, J. W. *Schriften zur Morphologie*. Sämtliche Werke. Briefe Tagebücher und Gespräche, v. 24. Frankfurt am Main: Deutscher Klassiker Verlag, 1993.

——. *Scientific studies*. Tradução de Douglas Miller. New Jersey: Princeton University Press, 1995.

——. *Teatro selecto*. Tradução de Fanny Garrido. Buenos Aires: Argonauta, 1944.

——. *Teoria de la naturaleza*. Tradução de Diego Sánchez Meca. Madrid: Technos, 1997.

——. *Theory of colors*. Tradução de Charles Lock Eastlake. Massachusetts: M.I.T. Press, 1970.

——. *Torquato Tasso*. Krefeld: Scherpe Verlag, 1964.

——. *Torquato Tasso*. Tradução de João Barrento, Relógio D'Água, Lisboa, 1999.

——. *Urfaust*. Stuttgart: Reclam, 1987.

——. *Viagem à Itália*. Tradução de Sérgio Tellaroli. São Paulo: Cia. das Letras, 1999.

HEGEL, G.W.F. *Enciclopédia das ciências filosóficas:* II – Filosofia da natureza. Tradução José Nogueira Machado. São Paulo: Edições Loyola, 1997.

HERDER, J.G. *Philosofical writings*. Tradução de M. N. Forster. Cambridge: Cambridge University Press, 2003

KANT, I. *Antropologia de um ponto de vista pragmático*. Tradução de Clélia Aparecida Martins. São Paulo: Iluminuras, 2006.

——. *Duas introduções à crítica do juízo*. Tradução de R. R. Torres Filho. São Paulo: Iluminuras, 1995.

——. *Crítica da Faculdade de julgar*. Tradução de Valério Rohden e António Marques. São Paulo: Forense universitária, 1995.

——. *Crítica da razão pura*. Tradução de Manuela Pinto dos Santos e Alexandre Fradique Morujão. Lisboa: Fundação Calouste Gulbenkian, 1997.

KOYRÉ, A. *Do mundo fechado ao universo infinito*. Tradução de Donaldson M. Garschagen, São Paulo: Forense Universitária, 2001.

LEBRUN. G. *Kant e o fim da metafísica*. Tradução de Carlos Alberto R. de Moura. São Paulo: Martins Fontes, 2002.

OTTO R.; WITTE, B. (ed.), *Goethe handbuch in vier Bänden*. Weimar: J. B. Metzler, 2004.

MARQUES, A. *Organismo e sistema em Kant*. Lisboa: Editorial Presença, 1987.

MEYER, H. *Goethe*. Frankfurt am Main: Suhrkamp Verlag, 1999.

MOLDER, M. F. *O pensamento morfológico de Goethe*. Lisboa: Imprensa Nacional – Casa da Moeda, 1995.

PANOFSKY, E. "Et in Arcadia ego: Poussin e a tradição elegíaca" in *O significado nas artes visuais*. São Paulo: Perspectiva, 2002.
RINTENLEN, F., *Goethe – Espírito e vida*. Tradução de Pedro Almeida Moura. São Paulo: Melhoramentos, s/data.
SCHELLING, W. F. *Cartas sobre o dogmatismo e o criticismo*, Os pensadores, v. XXVI. Tradução de R. R. Torres Filho. São Paulo: Abril Cultural, 1974.
——. *Escritos sobre Filosofia de la naturaleza*. Tradução de Arturo Leyte. Madrid: Alianza Editorial, 1996.
SCHILLER, F. *A educação estética do homem*. Tradução de Roberto Schwarz e Márcio Suzuki. São Paulo: Iluminuras, 2002.
——. *Poesia ingênua e sentimental*. Tradução de Márcio Suzuki. São Paulo: Iluminuras, 1991.
——. *Textos sobre o belo, o sublime e o trágico*. Tradução de Teresa Rodrigues Cadete. Lisboa: Imprensa Nacional – Casa da Moeda, 1997.
SEAMON, D., ZAJONIC, A. *Goethe's way of science*. New York: State university of New York Press, 1998.
SEPPER, D. L. *Goethe contra Newton*. Cambridge: Cambridge University Press, 1988.
SHARPE, L. (ed.) *The Cambridge companiom to Goethe*. Cambridge: Cambridge university Press, 2002.
SIMMEL, G. *Goethe*. Tradução de José Rovira Armengol. Buenos Aires: Editorial nova, 1949.
SMITH, J.M., *Los problemas de la Biología*. Tradução de Marta Vidal. Madrid: Cátedra, 1987
SUZUKI. M. *O gênio romântico*. São Paulo: Iluminuras, 1998.
TANTILLO, A. O. *The will to create, Goethe's philosophy of nature*. Pittsburg: University of Pittsburg Press, 2002.
TREVELYAN, H. *Goethe and the greeks*. Cambridge: Cambridge Press, 1981.
VALADÃO DE MATTOS, C. *Goethe e Hackert – sobre a pintura de paisagem*. São Paulo: Ateliê Editorial, 2008.
WEINHANDL, *Metaphysik Goethes*. Darmstadt: Wissenschaftliche Buchgesellschaft, 1965.
WILPERT, G. *Goethe-lexikon*. Stuttgat: Alfred Kröner Verlag, 1998.
WINCKELMANN, J. *Reflexões sobre a arte antiga*. Tradução de Herbert Caro e Leonardo Torchtrop. Porto Alegre: Editora Movimento, 1993.